新・祈りのみち

至高の対話のために

高橋佳子

The Path of Prayer

For a Supreme Dialogue

Revised Edition

Keiko Takahashi

自《みずか》らを耕《たがや》し、そして地上を耕そうとする魂に

はじめに――新版に寄せて

「祈り」とは、私たちの周囲に満ち満ちる神仏《しんぶつ》への気配《けはい》に自《みずか》ら自身を委《ゆだ》ねることから始まる、人と神との至高《しこう》の対話です。神仏の存在にあまり馴染《なじ》みのない方のために、それは、宇宙に遍《あまね》く存在している光を導《みちび》く、指導原理《しどうげんり》の流れに托身《たくしん》することであるとも言い換《か》えておきましょう。

この気配、そして流れは、ギリシアではプネウム（息《いき》）と呼ばれ、キリスト教では聖霊《せいれい》と考えられ、仏教では例えば衆生《しゅじょう》を救い、目ざめさせる多くの菩薩《ぼさつ》などのはたらきに当たる、神仏と私たち人間を結びつけ媒介《ばいかい》するものです。実際に、「祈る」の語源《ごげん》の中には、神仏の「息」に「乗る」ことというものがあります。

世界に流れている「息」「気配」に「乗る」ことによって、私たちは、普段《ふだん》の意識から越え出ることを誘《いざな》われます。そして場合によっては、超自然的な神仏の領域《りょういき》に導《みちび》かれ、その次元との深い交流・対話を果《は》たすことになります。

私たちの魂はその中で、安らぎに満ちた静けさに導かれ、みずみずしさと本来の自由を取り戻《もど》します。そしてそれと同時に、そこには思いがけない恩恵《おんけい》がもたらされます。

「祈り」を通じ、日常意識を越え出ることによって、また神仏の次元に触《ふ》れることによって、私たちは、自分のものの感じ方や考え方を大きく変貌《へんぼう》させることになります。深い心の傷《きず》とともにもたらされていた孤独感から解放されて痛みが癒《いや》され、決して許せなかった頑《かたく》なな想いがゆっくりと溶《と》かされ、どうにもならない閉塞感《へいそくかん》を脱《だっ》してそれまで気づけなかった答えが見えてくる……。「祈り」によって、私たちは、自らの心境、境地から上昇し、それまでは触れ得なかった智慧《ちえ》と光に浴《よく》し、新たな道を自ら開くという思いがけない果報《かほう》（恩恵）を手にするのです。

しかし、それはまた、そこに示された心境から明らかなように、自分の意識を上に越え出る一方で、その場で、私たち本来の心のあり方に回帰《かいき》することでもあります。ちょうど、すべてを支えている大地そのものと一つになるかのように、上昇ではなく、むしろ、下降し、自然に回帰することによって、揺《ゆ》るぎない心境に至《いた》る、自らを越え出る歩み――。

まさに「祈り」によって、私たちは本来の自分に立ち還《かえ》り、自分自身に、他者に、そして世界そのものに対し、信頼《しんらい》する心を取り戻して、希望を抱《いだ》いて向き合い、生き始めることができるようになるのです。

旧版の『祈りのみち』は、一九八五年の発刊（一九九三年に改訂）以来、三十万人もの方々の人生とともに歩みながら、多くの反響《はんきょう》をいただいてきました。中でも、「『祈りのみち』ともっと早く出会いたかった。そうすれば人生が変わっていたと思う」「『祈りのみち』を手放すことはもうできません。いつも鞄《かばん》の中に入れて持ち歩いています」……といったお声をお寄せいただいたことは本当にうれしいことでした。と同時に、時を重ねるにつれ、「〈こころに祈る〉の章に、もっといろいろな項目を加えてほしい」など、多くのご要望もいただきました。今回、さらに項目全体を見直し、項目数、頁《ページ》数にしてほぼ二倍に充実させることによって、読者の皆様のご要望にわずかでもお応《こた》えすることが叶《かな》ったのではないかと思っています。

ほかにも今回の改訂では、〈こころに祈る〉の項目を、私が「煩悩地図《ぼんのうちず》」と呼ぶ、人間の基本的な四つのタイプを表す心のあり方に対応させるなどの工夫《くふう》を凝《こ》らしてみました。この心の捉《とら》え方に親しんでいただくことによって、より使いやすいものになるのではないかと思っています。

本書『新・祈りのみち』が、旧版にも増して、お一人でも多くの方に愛され、その人生に寄り添《そ》い、心の安定と深化《しんか》の歩みに、またお一人お一人が人生の目的を成就《じょうじゅ》されてゆく歩みに同伴《どうはん》することができるならば、それは、私にとりまして望外《ぼうがい》の歓《よろこ》びです。

「祈りのみち」が、皆様の人生の本当の友人となりますように。そして、あなたの人生が、新たな「祈りのみち」という友人を得て、どこまでも深まってゆきますことを心より祈念《きねん》してやみません。

二〇〇六年六月

高橋佳子

はじめに――『祈りのみち』（一九九三年版）より

あなたは、どんなときにもあなた自身に立ち還《かえ》る術《すべ》を心得ているでしょうか。自分が今、一体どこに立ち、何に根《ね》を張っているのか、自分自身の本当の姿をわかっているでしょうか。

大きな問題を抱《かか》えているとき。

それを解決しなければならないのに、まったく見通しが立っていない。周囲からは催促《さいそく》が次々に飛び込んでくるし、状況は何も変わらない。もう駄目《だめ》なのではないか。あきらめるほかないのではないか。そんな想いが脳《のう》裏《り》を駆《か》け巡《めぐ》り、どうにでもなれと自暴自棄《じぼうじき》になりかかる――。

あるいは、思いもかけない裏切りに遭《あ》ったとき。

自分が築いてきたものが、すべて失われてしまうようにしか見えない。考えが焦点《しょうてん》できないほど意識が乱れ、煮《に》えたぎる怒りが噴《ふ》き出してきて自分を抑《おさ》えることもできなくなってしまう——。

人生には避《さ》けようがなく、こうした時が訪れるものです。それは、どんなに注意していても、避けることのできない形で襲《おそ》いかかってくるのです。

認め難《がた》い事態を眼《め》の前から消し去ることはできないかもしれません。けれどもそのときに、わずかでも揺《ゆ》れ動く自分を建て直し、様々な不安や憶測《おくそく》が渦巻《うずま》く迷いから離《はな》れて自分が立つことができたら、自分の選択《せんたく》を見直すことができたら、「それから」の人生はまったく違った様相を見せるのではないでしょうか。

たくさんの人たちと楽しく賑《にぎ》やかに時を過ごしているようで、心の中に広がってゆく孤独感と虚《むな》しさ、どうすることもできない感情に蝕《むしば》まれている人がありま す。

「ほとんど順調で大《たい》した問題はない」

そんな気分のうちに、毎日を過ごしている人にとっても、一切《いっさい》を呑《の》み込んで破壊してしまうような裂《さ》け目がいつ口を開《あ》けるかわからないのです。順風満帆《じゅんぷうまんぱん》のつもりでも、実はまったく誤《あやま》った方向に自分を駆り立てていることもあります。

それが私たち人間の現実です。

私たちの人生も、社会も、決して思い通りになるものではありません。順調なままで済《す》むものでもありません。むしろ、思うにままならない現実が集まったものと言うべきです。

あなたの周りにも、とても背負い切れないような厳《きび》しい現実がたくさん存在しているはずです。

それらが自分の前に訪れたら、自分自身にも降《ふ》りかかってきたら、それは引き受けなければならないものです。

私たちはその重過ぎる現実を引き受ける力を抱《いだ》いているでしょうか。

いついかなる時も、私たちが自《みずか》ら自身に立ち還ることができるように――。孤独感や虚しさが癒《いや》され、降りかかるどんな厳しい現実に対しても、勇気を持って引き受けることができるように――。そして、常《つね》に私たちに呼びかけられている大いなる存在・神の声に耳を傾《かたむ》けることができるように――。

そんな願いから、本書は生まれました。いわば、人生の同伴者《どうはんしゃ》とでも申しましょうか、嬉《うれ》しいときも悲しいときも、あなたの傍《かたわ》らに置いて人生の道を歩んでいただけたら、何よりの幸せです。

困難を背負いながら、それでもまごころをもって尽《つ》くしている人たちの心からは、祈りが立ち上《のぼ》っています。

訪れた出来事に無心で取り組む人たち。自分のことだけでなく、絶えず共に生きる人たちのことを念頭《ねんとう》に置いて生きている人たち。彼らには透明《とうめい》な祈りが満ちています。

そして、その祈りゆえに、彼らは自分の力量《りきりょう》を超えて、大いなる手によって導《みちび》かれるのです。

祈りは、私たちの世界に流れている導きの光に自らを委《ゆだ》ねることだからです。自分の中に湧《わ》き立つ様々な感情。けれども、そのもっと奥には私たちを支えている魂の存在があります。私たちの往《ゆ》くべき道を、自らの魂が選び取ることができるように、私たちは外的な刺激から身を遠ざけてみることです。あれこれと想いを交錯《こうさく》させることから退《しりぞ》いて、内なる沈黙《ちんもく》を保《たも》ってみてください。そして、辺《あた》りに満ち満ちる神に向かう気配《けはい》に身を委ねること――。口で唱《とな》える祈りのことばは、そのためのよすがとなります。

この本には『祈りのみち』という名がつけられました。

それは、祈りが、初めから完成されたものではないからです。それは少しずつ、発見され確かめられ、深められてゆくものとしてあるということです。

そして、祈りは私たちを、一つの場所――神の光が降り注《そそ》ぐ次元に運んでくれるものだからです。真の意味で、神の子としての心に私たちを導き、神的生命《しんてきせいめい》となりゆく方向をさし示してくれるものなのです。

歩くのは、ほかでもない、あなた自身です。『祈りのみち』は広く、すべての祈りの道と一つでありながら、同時に、あなたの内に開かれる唯一《ゆいいつ》の道なのです。

この本の用い方には様々な方法があります。参考のためにいくつかを挙《あ》げておきましょう。

・冒頭《ぼうとう》から少しずつ順序通りに読んでゆく。

・自分が必要だと感じたときの祈りに役立てる。

・まず一度読み、沈黙と瞑想《めいそう》をはさんでもう一度読み、自分自身の祈りを深める。

・同じことをグループの中で行う。

個々につけられた祈りのタイトルは一応の目安です。そのタイトルにとらわれることなく、あなたの心の状態に従って選んでください。

個々の祈りは、自分自身への語りかけのことばと、いくつかの祈りを乗せることばから成っています（祈りを乗せることばは、＊印の後にあります）。あるときは、祈りを乗せることばがそのままあなたの心にふさわしいこともあるかもしれません。またあるときは、その一部分がことに心に響《ひび》くこともあるでしょう。窮屈《きゅうくつ》に捉《とら》えることなく、あなたの心に添《そ》った祈りを行ってください。

一行のことばからあなたの新たな祈りが溢《あふ》れることがあるでしょうし、それをずっと温《あたた》めることによって祈りが深まってゆくという道のりもあるはずです。

本書は、まだ、内的営《いとな》みの真義《しんぎ》や祈りの意義について納得していないような人々、なぜそんなことが必要なのかわからない人にとっても、有意義《ゆういぎ》な示唆《しさ》を与えてくれるでしょう。人生は、祈るほかないような時を必ず私たちにもたらすことになるからです。

何よりも大切なことは、私たちが自分自身の祈りの道を歩んでゆくということです。

できるならば、一日一日にわずかでも振り返りと祈りの時を持たれることをお勧めします。

祈りは心の問題だから、いつも祈り心で暮らしていれば、改めて祈る必要はないと言う人があります。しかし、それは違います。人はいつも祈り心を抱いていられるわけではありません。

現象界《げんしょうかい》の生活は、必ず虚栄《きょえい》の傾きにとらえられます。それは、この世界に生まれ落ちた私たちの宿命《しゅくめい》です。人生そのものに、虚栄を求めてしまうしくみが組み込まれているからです。

そしてその傾きは、現代という時代のために、一層強まらざるを得ないものでしょう。効用《こうよう》の地平に自分の陣地《じんち》を広げることばかりを考える人々によって、現象的な効果効率が絶えず主張される一方で、私たちの背後で私たちを支えているものは、ますます顧《かえり》みられなくなっているのではないでしょうか。見えないもの、あらわれないもの、知られないものはいよいよ隠《かく》れてゆきます。いよいよ沈黙してゆきます。

しかし、存在のいのちの完全な開花は、この見えないもの、あらわれないもの、知られないものと共にあるのではないでしょうか。

「祈りのみち」は、紛《まが》う方《かた》なく、この見えないものを求める道であり、その呼びかけに心から耳を傾ける道なのです。

すべての時と場がまことの意味で祈りそのものと化しますように。

目次

みちに祈る 571

こころに祈る

祈りによって
ひとりの力が天の力となる

こころに祈る

あるがままがそのまま調和であるような自然の営《いとな》みの中に、人間という存在が立ち現れたとき、世界はどのように受けとめたのでしょうか。きっと驚《おどろ》き、どよめきを発したのではなかったでしょうか。

人間は、もともと自然的調和からはみ出す性《さが》を抱《いだ》いています。自分の思うがままにものごとを動かすことを望んで、他を傷《きず》つけ自《みずか》らも傷つけかねません。おびただしい血を流し続ける争い、深い憎《にく》しみとしこりを残す対立、地球の存続《そんぞく》さえも危《あや》うくする様々な破壊――。人間だけに与えられた自由意志ゆえに、自然が示すことのない深い闇《やみ》をあらわすのです。

けれどもその一方で、同じ魂の自由によって、人はすべての存在を愛することができます。それぞれの存在理由に遡《さかのぼ》ってそれを尊《とうと》び、愛することによって見事《みごと》に響《ひび》き合う世界をつくり上げることもできるのです。

それは、自然だけでは示すことのできない美と平和、「もう一つの調和」の姿です。

人間は、光と闇を極《きわ》めた存在です。人間は世界の最も深い淵《ふち》に神が投げられた骰子《さい》として、世界の行く末の鍵《かぎ》を握《にぎ》っているのです。

そして、人間が生み出すすべての光と闇が、内なる一つの心から溢《あふ》れてきます。日々を覆《おお》う想い、心に波立つ想い、胸によぎる想い。心に営まれる想いが、光と闇の間を揺《ゆ》れ動いていることが、私たちには感じられるでしょうか。

歓《よろこ》び、悲しみ、恐れ、怒り、安らぎ――。その想い一つ一つが、現実の世界に光と影を投げかけてゆくのです。

人間だけに許された「もう一つの調和」への透明《とうめい》な光が、私たちの内から輝《かがや》くことを願って、一つ一つの想いを育《はぐく》み純化《じゅんか》することを願って、私たちはこころに祈ります。

怒りが湧《わ》き上がるとき

頭に血がのぼり、拳《こぶし》が震《ふる》えている。
煮《に》えたぎったり、冷え切ったり
心が一瞬のうちに嵐《あらし》のようになって爆発《ばくはつ》する。
相手を罵倒《ばとう》し、たたき、破壊し、否定しなければ気が済《す》まないような想いになってしまう。

そうあってはならない人からばかにされたとき、無視されたとき、軽《かろ》んじられたとき、人はすぐ怒りたくなります。

確かでなければならないはずの自分の姿が、こともあろうに、このような人間によって簡単に崩《くず》されてしまう。そんなことがあっていいはずがない……。

思わず怒ってしまったり、どうにも我慢《がまん》ができなくなって怒鳴《どな》ってしまったりするのが人間です。

嫉妬《しっと》や野心《やしん》や復讐心《ふくしゅうしん》、屈辱感《くつじょくかん》、虚栄心《きょえいしん》から湧き起こった怒りは、盲目的《もうもくてき》で破壊的なものです。ただもう熱くなり、省《かえり》みることを忘れ、どこかにぶつかって爆発することに走ります。相手をやり込めることだけしか頭にないからです。

そのとき、あなたの心は、安らぎから離《はな》れ、穏《おだ》やかさや温《あたた》かみを失っているばかりでなく、怒りの毒に、自《みずか》ら苦しんでいるのではないでしょうか。

自らがその毒に傷《きず》つき、冒《おか》されていることに気づくことが本当に大切です。

相手に対する横暴《おうぼう》な激情《げきじょう》だったら、危険を避《さ》けるように身を遠ざけること。我慢するのでもなく、抑《おさ》えるのでもなく、スッと身を引くのです。

そのために、長く深く息《いき》をしてみてください。激しい感情の動揺《どうよう》は呼吸と深い関わりがあります。

そして、怒りを我慢するのではなく、そのままを見つめること。

怒りを見つめるもう一つの意識をつくること。

まずそのことを心に置いてください。

怒りは、作用があれば必ず反作用があるという法則の通り、結局は自分自身への刃《やいば》となって戻《もど》ってきます。怒りのままに行動すれば、必ず何かを破壊します。それは、あなた自身の大切なものかもしれません。怒りのための、前後を見失った行動は、必ず後悔の種《たね》になります。過去にそのような苦《にが》い思い出はなかったでしょうか。

そのような怒りを避けるために、強く立ち向かう勇気と忍耐力《にんたいりょく》が必要です。

ただ、怒りについてはもう一つ、こういうことは言えないでしょうか。今取り上げたような自分中心の怒りではなく、自分だけが上位となるようなものでもなく、嫉妬や野心や復讐心や虚栄心から発したものでもない、それらとまったく別の動機によって生じる怒りがある——。

「無私《むし》」の怒り。

切《せつ》なさを伴《ともな》う「痛み」を負った怒り。

例えば、魂の動向《どうこう》としての、最も深く、最も率直《そっちょく》なあらわれとしての怒り――。エルサレムの宮《みや》で商売をしていた者たちの欲望の棚《たな》をひっくり返した、イエスの純粋な怒り。その場所にいた多くの人々には、感情的な暴挙《ぼうきょ》として映ったかもしれない強い促《うなが》し。

決して自他《じた》を区切って相手を否定するのではない。相手を非難するためではない。自他を一如《いちにょ》として見た「私たち」への怒り。畏敬《いけい》とともにある畏敬ゆえの怒り。

魂を傷つける力に対して、魂を眠らせる習慣や物質化した精神に対して、怒りの「熱」と「力」を本当に生かすこともできるのです。

真実なものに、ひたすらにつながってゆくような怒り。透明《とうめい》に、透明に、向かってゆく魂の直截《ちょくせつ》なはたらき。奉仕《ほうし》する怒り。それはもう、単に怒りとは呼べぬ、まっすぐにされた意志。

もちろん人間は、「完全」に至《いた》っているわけではない未完《みかん》の存在です。それゆえに、はじめは純粋であっても、すぐに自分の都合《つごう》の怒り、自利《じり》のための怒りに傾《かたむ》き、やがてそれに終始してしまいやすいものです。

だからこそ、絶えず無私の祈りによって清め、純粋に、透明にしなければなりません。

あなたは今

なぜ怒らなければならないのでしょうか。

何によって、誰《だれ》に向かって、怒っているのでしょうか。

こころの奥にあるのは、恐怖や屈辱感ではないでしょうか。

嫉妬や虚栄心ではないでしょうか。

それとも、純粋な怒りでしょうか。

＊

自《みずか》らを見失った
自己中心の
すべての怒りから、身を遠ざけさせてください。
わたくしには、「怒り」より大切なものがあります。

もし、この怒りがまごころからのものなら
その「熱」と「力」を
真実なものにつなげさせてください。

怒りに立ち向かう

強い勇気をください。
怒りの「熱」と「力」を
忍《しの》ぶ力
待つ力
愛する力に
変えることができますように。

憎《にく》しみ、恨《うら》みにとらわれるとき

〝あのとき〟のことが頭にこびりついて離《はな》れない。

〝そのとき〟のことがどうしても許せない。

顔を見るだけで、相手のことを想うだけで、心にしまっていたはずの過去の想いが生々しく蘇《よみがえ》ってくる——。まるで真空《しんくう》パックされていた想いが、当時のまま生き返って、自分の心をかき回すとき——。


「私は正しい。悪いのは向こうだ」

「いつかきっと思い知らせてやる」

「あのときのことは絶対に忘れない」

「あいつさえいなければ、今頃は……」

そうやって「敵意《てきい》」を募《つの》らせてきたのかもしれません。

でも、その結果苦しくなるのは、あなたではないでしょうか。
傷《きず》ついてゆくのは、ほかの誰《だれ》でもないあなた自身ではないでしょうか。
その憎しみにとらわれている間
あなたにとって大切なのは、恨みを晴らすこと。憎しみを思い知らせること。
でも、本当でしょうか。

いけないことだと知っていても
つい憎しみや恨みを抱《いだ》いてしまうのが人の常《つね》。
むしろ、いけないことだと思うから
ことさらに相手の非道《ひどう》を言挙《ことあ》げし、非難し中傷《ちゅうしょう》して
自分の想いを正当化せずにはいられなくなるのでしょう。
相手の非を想い、口にするたびに、憎しみの毒は回ります。

重苦しい想念は心を覆《おお》い、想いの海を嵐《あらし》にします。
澄《す》んでキラキラと輝《かがや》いていた心は、どこかに忘れ去《さ》られてしまいます。
あなたが一番大切にしようとしていたものは何でしょう。
思い出すのです。
生きる目的。「今」という出会いのいのち——。

憎しみと恨みにとらわれるとき。
その感情を決して増幅《ぞうふく》しないこと。自分を見失った判断をしないこと。

憎しみと恨みは、長い間に怒りが心に根《ね》を張ったもの。
認められなかった想い、辱《はずかし》めを受けた心が敵意を育ててしまったのです。
だからそれを溶《と》かし、ほどいてゆくには、同じだけの時がかかるかもしれません。

柔《やわ》らかかった心をコチコチにし
輝いていた心を暗くし
温《あたた》かかった心を冷たくした
光を遮《さえぎ》る壁《かべ》を溶かすには
時を待つこと。

間違わない人はいません。
良かれと思いながら人を傷つけてしまうのが人間です。
そんな未熟を抱《かか》えた人間の姿を見つめるのです。

そしていつの日にか
あのことがあったからこそ、あの時期があったからこそ今の自分になれた、この日が訪れたと思えるようになることを念じましょう。
心の傷が、痛みだけでなく、新たな次元への転機となり
新たな歩みの始まりとなることを思うのです。

*

すべてを生かす大地よ
すべてを見守る天空《そら》よ
畏敬《いけい》と感謝の想いを
誰《だれ》に対しても抱《いだ》くことができるまで
わたくしの心を支えてください。

許しと癒《いや》しの心で

誰のことも想えるまで
わたくしを見守ってください。

たとえ憎《にく》しみや恨《うら》みであっても
反感や敵意《てきい》であっても
胸に抱いて愛に変えることができます。
その時を待つ心をわたくしの中にあらわしてください。

そして、その憎しみや恨みをもたらした現実があったからこそ
始めることができる新しい歩み
新しい人生の次元を
確かに未来に向かって押し広げることができるように
わたくしを導《みちび》いてください。

不満を募《つの》らせるとき

「……してもらえて当然なのに」
「……であって当然なのに」
という想い・前提があって
「わかってくれない」
「認めてもらえない」
「任《まか》せてもらえない」
「受け入れてくれない」
「信じてもらえない」
「ない」「くれない」「もらえない」——
そう思えるとき（少なくともあなたにはそう見えるのです）

「おかしい」

「変だ」

「冗談《じょうだん》じゃない」

「我慢《がまん》できない」

あなたの中で不満がくすぶり始めます。


自分の意見や欲求は受け入れられて当然なのに、拒《こば》まれていると感じるとき、それを阻止《そし》しているものに向かって不満が一斉《いっせい》に噴《ふ》き出します。

私たちの生活には、何と多くの不満がくすぶっていることでしょう。

家族に対する不満、職場での不満、社会に対する不満、自分の運命に対する不満……。


不満がくすぶり出すと、あなたの心にはいろいろな想いがあらわれてくるのではないでしょうか。

怒り、謗《そし》り、妬《ねた》み、恨《うら》み、僻《ひが》み
傲慢《ごうまん》、欺瞞《ぎまん》、疑念《ぎねん》、愚痴《ぐち》、怠惰《たいだ》……

これら、ことごとくに姿を変えて暴《あば》れ出す。

そして、こうした感情に姿を変えると、不満は力を得て、ますます大きな反感を生んでゆくのです。


不満が生じたとき、心すべきは、呑《の》まれないこと。その感情に支配されて、自分を見失わないこと。

その不満を無軌道《むきどう》に外に出さないことです。はけ口を求めて無軌道に走り出そうとする不満の力を調御《ちょうぎょ》することです。

そして、人が集まるところに必ず不満があり、何かを為《な》せば不満は生じることを、いつも忘れないでください。

不満は、期待と成果、欲求と現実の天秤《てんびん》のバランスが崩《くず》れたときに生まれます。期待の大きさに現実が見合わないとき、そうあるべきと思う状態にまで現実が追いついていないとき、不満は生じます。

ですから、もう一度見直してみましょう。

高すぎる理想を抱《いだ》いてはいないか

叶《かな》えられて当然というのは、本当なのか——。

あなたはすでに多くを与えられていないでしょうか。

あなたが相手に反感を抱くのは、妥当《だとう》なのでしょうか。

さあ、大地に呼吸を合わせて息《いき》を整《ととの》えてください。

そして、天を仰《あお》ぎ見るのです。

どこまでも広く、私たちすべてを包《つつ》み込んでいる天に向かって心の中であなたの不満を叫《さけ》んでみることです。
想いのたけをすべて吐《は》き出すのです。
あなたを支え、あなたを包んでいる
天地が必ず受けとめてくれます。

そして、あなたの本心に問いかけてみてください。

不満を引き起こす事態を何とかしたいのか。それとも、不満の感情を爆発させたいのか、と。

不満に捕《とら》えられると、私たちはどうしてもそれを晴らしたくなってしまいます。

そして、新たな混乱の連鎖《れんさ》を生じさせてしまいます。それが人間の業《ごう》であることを忘れないでください。


「今ここに」あなたはかけがえのない時を刻《きざ》んでいます。

事態はあなたを待っていたのかもしれません。
この事態に対して、「自分に今、何ができるだろう」と考えてみてください。

*

わたくしは
本当に果《は》たしたい願いを思い出します。

そのために
無理を欲《ほっ》する心を戒《いまし》めます。
あるがままに見ようとしない心を戒めます。
悪を外に見る心を戒めます。

わたくしが
今
見なければならないこと
知らなければならないこと
為《な》さなければならないことを
自《みずか》ら正しく受けとることができるように
導《みちび》いてください。

他人《ひと》を責《せ》めたくなるとき

「どうしてこんなことになったのか」
「一体ぶち壊《こわ》したのは誰《だれ》なのか」
「せっかくここまで順調にやってきたのに……」
「面目《めんぼく》は丸つぶれ、一体どうしてくれるんだ」

思いもかけない事態を前にして
どうしても収《おさ》まりのつかない想いをどこかにぶつけたくなるとき
許せないその矛先《ほこさき》を誰かに向けたくなるとき
思い描いていた未来が眼《め》の前で崩《くず》れ出すとき
あってはならない失敗が眼の前で起こっているとき
私たちは、そんな事態をなかなか認め難《がた》く受け入れられないものです。

そしてそのときの圧迫《あっぱく》と不安が
犯人探しを始めさせることがあります。
その圧迫に耐《た》え難くて
誰かにそのすべてを押しつけたくなってしまうのです。

無性《むしょう》に他人《ひと》を責めたくなっているとしたら
それは、あなたが眼の前の事態を
しっかりと受けとめかねているということです。
たとえ冷静なつもりでも
気が動転《どうてん》してしまっているということなのです。

ゆっくりと息《いき》を吐《は》いて、深呼吸をしてみましょう。

天を仰《あお》ぎ大地を踏《ふ》みしめてください。
そして、あなたに降《ふ》りかかっている事態を
心を鎮《しず》めてもう一度見つめてください。

誰かに原因のすべてを押しつける前に
あなたには、まだできることがあります。
この事態を改善することもできるのです。
圧迫や不安を引き受けながら
事態の本当の問題を見定め
その改善に心を尽《つ》くすことのできるあなたであることを信じてください。

そして、もしできるなら
あなたが責めている相手の立場に立って、事態を眺《なが》めてみてください。

事態が違った見え方を示すかもしれません。相手に成《な》り代《か》わることで、辿《たど》るべき道がはっきりと見えてくるかもしれないのです。

*

わたくしに光を与えてください。
わたくしに勇気を与えてください。
不安と圧迫《あっぱく》に負けることなく
この現実と向かい合いたいのです。
他人《ひと》を責《せ》めたくなる想いを鎮《しず》めてください。
わたくしは誰《だれ》かを責めたいのではありません。
この事態を受けとめたいのです。

この現実を乗り越えたいのです。

今すぐにでも
取り組むべきこと
応《こた》えなければならないことに
心を尽《つ》くせるように
わたくしを導《みちび》いてください。
そのための
智慧《ちえ》と力を与えてください。

他人《ひと》を許せないとき

「これは、人として許されないことだ」

「どうしてあんな人間が認められるのか」

「どう考えても向こうが悪い。それがわからないなんておかしい」

「このことだけは絶対に許せない」

「こんなことが許されるのなら、この世も終わりだ」

「あんなことをするなんて信じられない」

「いつか天罰《てんばつ》が下《くだ》るに違いない」

考えるだけで怒りに震《ふる》え
その人が存在していることすら理不尽《りふじん》に思えるとき
友人や知人が間に入って和解《わかい》の糸口を見つけようとしても

それだけは絶対に許せないと頑《かたく》なに拒絶《きょぜつ》するとき

あなたにとって
その相手はきっと理不尽きわまりなく
人間としても最低で
決して認めることのできない存在なのでしょう。
その人を許すくらいなら
自分が死んだ方がましだと思うほど
決定的な亀裂《きれつ》が生じてしまったということかもしれません。

でも
少し立ち止まってください。
あなたが想いを決定し、行動に移る前に少し考えていただきたいのです。

あなたはその動かし難《がた》い想いによって
苦しみの輪廻《りんね》を自《みずか》ら増幅《ぞうふく》してはいないでしょうか。
募《つの》る反感、嫌悪感《けんおかん》によって
自らその輪廻に呑《の》み込まれてはいないでしょうか。

許せないという想いは仕方《しかた》のないものであっても
あなたがもし、その人に対する見方を決めてしまうのなら、その前に
なぜ、その人がそんなことをしたのかについては考えてみるべきでしょう。
なぜ、その人はそんな理不尽で非人間的な行動に走ったのでしょうか。
なぜ、その人はそうしなければならなかったのでしょうか。
その理由《りゆう》がきっとあったはずです。

そして、あなた自身に尋《たず》ねてください。
あなたの中にある正しさは本当の正しさでしょうか。
あなたの側の不足は本当にないのでしょうか。
あなたがその人を追い詰《つ》めてしまった側面はなかったでしょうか。
あなたのことを想い心配してくれる人たちは
このことをどう受けとめていますか?
どのように理解しているのでしょう?

揺《ゆ》るぎないように思えるあなたの考えは一旦《いったん》横に置いて
その友人たちの声に耳を傾《かたむ》けてください。

許すことはできなくても
その人がなぜそうしたのか

そうせずにはいられなかったのか
その理由を受けとめてみることはできることです。

その行為は許せなくても
存在そのものをどのように肯定《こうてい》することができるのか
あなたの心に尋ねてください。

＊

わたくしに光を与えてください。
波立つ心を鎮《しず》めてください。
揺《ゆ》れ動く気持ちを平《たい》らかにしてください。

わたくしに自《みずか》らを相対化《そうたいか》する智慧《ちえ》を与えてください。
わたくしの考え
わたくしの論理
わたくしの言動《げんどう》を
客観的に受けとめることができますように。

そしてどれほど
言葉や行動を否定しても
存在そのものは
肯定《こうてい》することができるように
わたくしの心を広げてください。
わたくしの心を支えてください。

疑《うたが》いが生じるとき

信頼《しんらい》していた人を、信用してきた人たちを、信じ切れなくなるとき。

表面では以前と変わらない様子《ようす》をふりまきながら、疑い始めるとき。

「本当に信じてよいのだろうか」

「もしかしたら、だまされているのではないか」

「もしかしたら、見誤《みあやま》ってきたのではないか」

心の奥では疑惑《ぎわく》が頭をもたげ、ぐるぐると回り出す。

人に対する不信の始まり。猜疑心《さいぎしん》の芽生《めば》え——。


すぐにも結論を出したい想いに駆《か》られるかもしれません。

でも、急ぎ過ぎてはいけません。性急《せいきゅう》な断定《だんてい》は感情に流されてしまうだけです。

どうしても必要な判断だけを下《くだ》し、心の中では最終的な判断を待つことです。

感情や思考から明らかな認識へ、うわさや憶測《おくそく》から事実へ、一度、心を移してください。


どのような人にあなたは心を開いてきたのでしょうか。

いい人。信じられる人。自分のことを大切にしてくれる人。

あなたは、その時その場の自分の利害だけで、人物をふるい分けてこなかったでしょうか。

自分の快苦《かいく》、利害の判断と「信じること」とは次元の違うことです。

もしあなたの迷いに利害が色濃《いろこ》く絡《から》んでいるならば
それは信じるかどうかより、利害の問題として考えるべきかもしれません。


信じることは、全部を受けとめてゆくこと。

眼《め》を閉じてしまうことではありません。

耳をふさいでしまうことではありません。
眼を開き、耳を開いてどこまでも見届け、どこまでも聞き届けること。

すべてを受けとめ、それに応《こた》えつつ
最後に決して壊《こわ》れることのない絆《きずな》に心を託《たく》すこと
それが信じることなのです。

信じるためには
深く深く受けとめなければなりません。
良いところも
悪いところも
ありのままに見なければなりません。

あるときには、じっと見守り
あるときには、ひたすらに関わり合うのです。
そしてときには、忠告《ちゅうこく》し叱咤《しった》激励《げきれい》し、腹蔵《ふくぞう》なくぶつかり合うこと。
たとえその言動《げんどう》に「ノー」を示すときでも
存在そのものに対しては「イエス」という
神の心につながる絶対肯定《こうてい》の姿勢で臨《のぞ》むこと。
それが信じるということでしょう。
自分の快苦、利害の計算をひとまず脇《わき》に置いて
もう一度、その人を見てください。
先入観《せんにゅうかん》と思い入れと、期待と恐れを突き抜けてゆく
真実だけに忠実《ちゅうじつ》な出会いを念じるのです。

雪ダルマのようにふくらんでゆく疑いは

ボタンのかけ違いのような判断の誤《あやま》りを誘《さそ》う妄想《もうそう》になりやすいものです。
事実を見、事実を想って、疑いの肥大《ひだい》を断《た》つことです。

疑問は根本を肯定するために投げかけられるべきもの。
否定のための疑念になるとき、人は黒い想念に巻き込まれます。
そこに、愛と慈《いつく》しみの想いがあるかどうか
神の心につながってゆく清《きよ》さがあるかどうかが鍵《かぎ》になります。

*

わたくしの中から
自利《じり》に根づき
自《みずか》らを正当化する

否定のためだけの
疑《うたが》いの根《ね》をすべて取り除《のぞ》いてください。

わたくしの中に生じた
疑問、疑いに対して
わたくしが自ら正しい判断を下《くだ》せるように
事実によって知らしめてください。
すべてをあるがままに見せてください。

そしてわたくしの疑問が
存在自体に対する
否定のための疑問でなく
肯定《こうてい》のための疑問となりますように。

たとえ、形としては
遠ざかることとなっても
一切《いっさい》のいのちと結び合う
不壊《ふえ》の絆《きずな》がいよいよ明らかになりますように。

嫌悪《けんお》するとき

思いやりがないとか、強引《ごういん》だとか、無作法《ぶさほう》だとか、気取《きど》っているということで人を嫌《きら》いになることがあります。また、声がかん高いとか、眼《め》つきや容姿《ようし》が気に入らないということで相手を嫌いになることもあります。

それればかりか、大《たい》した理由もなくただ何となく嫌い、なぜかわからないが好きになれないこともあります。

「嫌い！」という想い、嫌悪の情《じょう》が生じたとき、大切なのは、衝動的《しょうどうてき》に最終的な判断を下《くだ》さないことです。好き嫌いは、ものの「見かけ」のようなものだからです。中身を味わわずに最終的に食べられないと断定《だんてい》することはできないでしょう。

そして、自分の中に生じた嫌悪の念は、それを否定したり、いたずらに正当化したりしないこと。

「嫌い」という想いを感情的だと思っていたり、低次《ていじ》なものと考えていたりすると、人はことさら嫌いな相手を悪く言って、否定したくなるのではないでしょうか。

嫌いな人となると、どうしてもやっつけてしまいたくなるのが人間です。「あの人、嫌《いや》だね」と言って徒党《ととう》を組んで、否定したり除《の》け者にしたりしたくなってしまうのです。

でも嫌いなのは、あくまで「部分」なのではないでしょうか。

よく「足のつま先から頭のてっぺんまで大嫌い！」ということを言います。でもたいていは、嫌いな部分を拡大しているのです。ですから、嫌いなのは全体ではないという事実を忘れないでください。

そして、「好き嫌い」は誰《だれ》にでもあるということ。

好悪《こうお》（好き嫌い）の情は、私たちが生まれてから、少しずつ少しずつ憶《おぼ》えてきたものです。人やものにどんな好悪の念を向けるのか、知らない間に自分の身に刻《きざ》み込んできてしまったと言ってよいでしょう。

だから、嫌悪の気持ちがなぜ生じたのか中々わからず、それをすぐに好きになろうとしても難《むずか》しいのです。それはもともと危険があれば避《さ》けようとし、楽な状態を引き寄せる、生きてゆくために必要な好き嫌いの感覚によるものです。

嫌いなものはどうしても退《しりぞ》けたくなり、否定したくなってしまう――。でも、嫌いなら嫌いで、それから、どうするかということの方が、ずっと大切なことです。

「嫌いなのはわかった。ではその人に対してどう接するのか」

あなたは、そう問われているのです。

そして、どんな人でもどんなことでも、存在自体は尊《とうと》ばれるのが本当なのではないでしょうか。どんな存在も出会いも、無意味なものはなく、偶然《ぐうぜん》ではない。それがこの世界の本当の姿です。

どうしても嫌いな相手を否定したいという衝動《しょうどう》が消えない方へ。

その衝動は、実はあなた自身の葛藤《かっとう》をあらわしているのではないでしょうか。

許せなくなるのは、あなたが違和感《いわかん》を持った、まさにその嫌いな部分を自分も持っているからではないでしょうか。もし、あなたの中にないものだったら、人にそれを見出《みいだ》しても何も思わないものなのです。

自分が出すまいとしているものを、そのまま出している人を見るから、嫌だと思うのです。自分にも同じものがあるかもしれないことを考えてみることが大切ではないでしょうか。

ぜひもう一度、「嫌い」という想いを見つめてください。

違いがあるから
人は皆「一《いっ》なるもの」に結ばれ

それぞれに輝《かがや》いているのです。

嫌いであっても
認め、育《はぐく》み、励《はげ》まし、見守ることはできます。
あなたの心は、その広さ、その深さを抱《いだ》いているのです。

*

高ぶるこの感情を鎮《しず》めてください。
この感情に突き動かされることなく
往《ゆ》くべき道を選びたいのです。
背負《せお》うべきものを背負いたいのです。

違いを退《しりぞ》ける心から
そのかけがえのなさ
大切さをはっきりと見ている心を
わたくしの中にあらわしてください。
すべての人々と一つの絆《きずな》で結ばれていることを思い出させてください。

わたくしは
寛容《かんよう》さ
包容力《ほうようりょく》
許す心
忍耐《にんたい》する心
優《やさ》しさを育《はぐく》みたいのです。

はたらくべき場所ではたらくことができますように。
愛すべき人を愛せますように。
信ずべき人を信じることができますように。

被害者意識にとらわれるとき

「またか……。いつもそうだ」

「私だけが損《そん》なくじを引かされる」

「一度だってまともに認めてもらったことはない」

「私はちゃんとやっているのに……。これまでずっとそうだった」

「用心しろ。他人《ひと》は信じられない」

「スキがあれば利益を奪《うば》おうとする」

「何かを願ってやろうとしても、いつも邪魔《じゃま》が入る」

「うっかりすると失敗はいつも私のせいだ」

「努力と評価が見合ったことはない」


そんな想いが心の奥に渦巻《うずま》いていて、何かがあると頭をもたげるときあなたは、いつも心を頑《かたく》なにしていなければならないでしょう。
そんなあなたにとって、他の人たちや世界は「敵」。
いつもあなたの願いを阻《はば》み、あなたに不当な損害《そんがい》を与え
理不尽《りふじん》な要求を突きつけ、正当な評価を否定するもの——。
きっとあなたには、そう思わざるを得ないような出来事が起こっていたのでしょう。
それも一度ならず——。

でも、本当でしょうか。
他人《ひと》や世界は常《つね》に信じられない「敵」なのでしょうか。
もしそうだとしたら、それはあなただけの「敵」なのでしょうか。
それとも、誰《だれ》にとっても、他人《ひと》や世界は「敵」なのでしょうか。
そう決定してしまってよいのでしょうか。

それではあまりにも寂《さび》しいのではないでしょうか。

あまりにも一方的ではないでしょうか。

少し落ち着いて考えてみましょう。


人は誰も、自分の利害には敏感《びんかん》でも、他人《ひと》の利害には鈍感《どんかん》なものです。

自分が与えたことは忘れなくても、他人《ひと》から与えられたことはつい忘れてしまうものです。


そのことを考えてみてください。

そもそも、人間は独《ひと》りでは生きてゆけない存在です。

人が生きていること、それだけで多くを与えられ、支えられてきたはずです。

あなたもまた、多くを与えられて今を迎《むか》えているに違いありません。

生きるということは、誰かに、そして何かに支えられ、与えられるという事実にほかならないからです。

それを自《みずか》ら見えないようにしてしまっているのではないでしょうか。
そればかりではありません。
あなたの人生を誰かが横切り、あなたの現実を損《そこ》なったように
あなたもまた、知らず知らず誰かの人生を横切り
その人の何かを損なう「縁《えん》」になっていないと断言できるのでしょうか。
そのつもりなく、その意図《いと》なく
誰かの人生を損ない、傷《きず》つけ、ときには加害者《かがいしゃ》になってしまう——。
それが、私たちが生きているこの世界、「忍土《にんど》」の現実です。

そしてだからこそ、私たちは、共に生きることをもっと大切に受けとめるべきでしょう。

あなたは「魂」の力をもって、相手のこと、周囲の方々のことを想ってください。

その立場に成《な》り代《か》わり、そこから見える事態と世界を想像してください。

それは決して、頭で考えてできることではありません。

自他《じた》の境《さかい》を超え得《う》る「魂」の力を信じ、それを呼び覚《さ》まして初めて思い描くことができることなのです。

相手や、周囲の方々が抱《いだ》いている痛みと歓《よろこ》びに心を開いて沈潜《ちんせん》してみてください。

さあ、いかがでしょう。

そこに映《うつ》し出される現実は、あなたが見てきたものとは異なっているのではないでしょうか。

もし、それでも、あなたが

なお一方的な不公平を感じ、許し難《がた》い理不尽さを覚えているなら
だからこそ、では何のために「今」を生きるのか
何を大切にして歩むのかを心に尋《たず》ね続けてください。

*

真実を見させてください。
真実を生きさせてください。
わたくしが支えられてきたこと
わたくしが与えられてきたものを
思い出させてください。

わたくしは

この忍土《にんど》の世界だからこそ
やさしく生きたいのです。
たくましく生きたいのです。

どうか
この現実を
本当の意味で引き受ける力を
わたくしに与えてください。
わたくしを支えてください。

苛立《いらだ》つとき

ムシャクシャする。
癇《かん》にさわる。
何かにあたり散らしたくなる。
普段《ふだん》気にならないことまで気になり出す。
心が波立ち鎮《しず》まらない。
そんな自分の状態をどうすることもできないとき。

まず胸に手を当てて
心臓の鼓動《こどう》を感じてください。
生命《いのち》の時を刻《きざ》むリズムを聴いてください。
そして深く静かに息《いき》を吐《は》いてみましょう。

確かにゆったりと生きているあなた自身を感じてください。

どうしようもなくイライラしてしまうのは
あなたがその原因に気づいていないからです。

イライラはあなたのこだわりと関わりがあります。
イライラはあなたの不安や恐れに結びついています。
たとえ自分では気づいていなくても
受け入れ難《がた》いこと、認め難いことが起こっているから
イライラしているのです。
それは一体何でしょうか。

その原因を見出《みいだ》せば、訳《わけ》もわからないイライラは解消《かいしょう》できるのです。

取り組むべきことがはっきりするからです。
イライラしている自分に気づいたら
それは呼びかけを聴くとき
イライラし始めたら
それはあなたが自分を見つめるとき

内側を見つめることなしに、この想いは解決できません。
すべてを受けとめられるあなた自身を信じて
心の中を見つめてください。
心に耳を傾《かたむ》けてください。

*

今、わたくしの心は
わたくし自身に
呼びかけようとしています。
語りかけようとしています。
それを正しく受けとめることができるように
導《みちび》いてください。

外ばかりを見ようとする心を
内に向けることができますように
わたくしに光を与えてください。

本当に取り組むべきことが
明らかになりますように。

切れてしまいそうになるとき

「冗談《じょうだん》じゃない」
「もう我慢《がまん》がならない」
「ここまで愚弄《ぐろう》するなんて許せない」
「一度は言ってやりたいと、ずっと思ってきた……」
「この想いのたけをぶちまけてやるか……」
「もうどうなっても構《かま》わない」

後先《あとさき》のことも考えられず
抑《おさ》えていた想いが溢《あふ》れて止まらなくなるとき。

少しだけ、一歩だけ

踏《ふ》みとどまって
見つめていただきたいのです。
あなたが今、忘れてはならないことがあるかもしれないからです。

確かに様々な事情やつながりばかりを考えていたら
踏み出せないことや生まれない次元があります。
ときには、見る前に跳《と》び
創《つく》るために壊《こわ》すことが必要です。

けれども
そこには大きな危険があることも承知《しょうち》すべきです。
例えば、今あなたが思い切ろうとしている、人との関わり——。
そこには、越えてしまったら修復《しゅうふく》は容易ではない一線というものがあります。

それをあえて冒《おか》しても
あなたは今、自分の想いを貫《つらぬ》かなければならないのでしょうか。

この関わり、つながりには、どれだけの人が関わっているでしょう。
あなたが切れてしまったら、その人たちにどのような影響があるのか。
あなた一人の想いだけで壊《こわ》してしまってよいのでしょうか。
そのことを心の中で確かめなければなりません。
そしてその覚悟《かくご》をもって、「今」を判断してください。

*

わたくしにすべてを見つめる力を与えてください。
関わりの変化と

未来の現実を
切実《せつじつ》に感じ取る力を与えてください。
「今」が孕《はら》んでいる「未来」を受けとめさせてください。
最善の選択《せんたく》ができるように
わたくしを導《みちび》いてください。
わたくしを支えてください。

この世は結局、力だと思うとき

「どんなに真面目《まじめ》に努力したって、結果が出なければ無意味」

「結局、結果だけ。力がすべてじゃないか」

「信じられるのはお金だけ。お金は嘘《うそ》をつかない」

「最後にものを言うのは、この世的な力なんだ」

「世界を動かしているのだって、結局、金と力じゃないか」

「心が大事なんて、きれいごとだ」

見えるものがすべてで
能力、立場、お金の力があれば何でもできる。
そうとしか思えないとき。

あなたは
現実の世の中を
ある程度知っている人なのでしょう。
何が現実を動かすのか
様々な場面が蘇《よみがえ》ってあなたを教え諭《さと》してきたのです。
その結論が、目に見える力——。

実際、あなたは、「結局は、お金の力だ」と思い知った経験を
持っているのかもしれません。

しかし
最初からそう思っていたのでしょうか。
実はそれとは相反《あいはん》する想いが、心の内にあったということはないでしょうか。

想いや心が大切
思いやりも必要
結果より、プロセスこそ大事
見えない想い
見えないプロセス
見えない「地《じ》」の整《ととの》え
人への信頼《しんらい》……
かつて、あなたはそれらを重んじてきた——。
しかし、人生経験を経《へ》る中で
「見えないものが大切」という生き方を
いつの間にかあきらめ、放棄《ほうき》し
挫折《ざせつ》させてしまったのではないでしょうか。

確かに、見える力は明らかな実績《じっせき》を示します。
人生の折々《おりおり》に
世の中の様々な場面で
お金や立場の持つ力はものを言います。
しかし、それだけでよいのでしょうか。
それだけで満たされるのでしょうか。

見えない、心と心の通《かよ》い合い
見えない、人と人の絆《きずな》
見えない「地」の整え
それを見失ったから
あなたは
虚《むな》しい想いを引き出しているのではないでしょうか。

そのことをもう一度考えていただきたいのです。
見える力を認めながらも
見えないものを大切にする意味を想っていただきたいのです。

人間は見えない中心、魂を抱《いだ》く存在です。
その魂が満たされるには
見えないものを想うこと
見えないものを大切にすることが不可欠《ふかけつ》です。

あなたの魂から真実を導《みちび》き出してください。

*

わたくしに世界の真実を知らしめてください。
見える世界が見えない世界に支えられていることを
明らかにしてください。

わたくしは
信じたいのです。
想いや心の大切さ
プロセスの大事さ
人と人の見えない絆《きずな》の尊《とうと》さ。
その上に
見える力があらわれることを。

それらをもう一度
わたくしの魂に込めさせてください。
わたくしの前に
揺《ゆ》らぐことのない世界の真実をあらわしてください。

投げやりになるとき

「もう、どうでもいい」

「どっちにしたって大《たい》して変わりはしない」

「どうせこんなもんさ」

面倒《めんどう》な気分ですべてが重く
何をやっても無駄《むだ》で無意味にしか思えないとき。

何もかも放《ほう》り出してどこかへ行ってしまいたいとき。

やけを起こしたくなるとき。

その心の底に口を開《あ》けているのは虚無《きょむ》の深い淵《ふち》――。
あなたは、行き止まりになってしまった壁《かべ》に向かって立ちすくみ
うつろに壁を眺《なが》めている旅人《たびびと》のようではないでしょうか。

しっかりと壁を見ているわけではなく、困惑《こんわく》しているのでもない。
時間だけが過ぎてゆく。
気晴《きば》らしに目を転じては忘れようとする。

「どうでもいい」

そう、自分に言い聞かせながら
また別の気晴らしに目を移す。

少しの間なら、利《き》き目があるかもしれません。
わずかなとき、忘れられるかもしれません。
しかし、あなたは
壁の前に取り残されたままです。
それは「どうでもいい」ことではないのです。

「どうでもいい」は、自分が自分をあざむく〝呪文《じゅもん》〟ではないでしょうか。

「どうでもいい」は、自分が自分につく〝嘘《うそ》〟ではないでしょうか。

「どうでもいい」は、自分を願いから遠ざけてしまう〝罠《わな》〟ではないでしょうか。


どんな言葉もエネルギーを帯《お》びています。

何となく言ってしまった言葉でも、繰《く》り返すうちに本気になってしまうものです。

あなたの中に投げやりな言葉が巣《す》くってきたら、それをそのまま紙に書いてみましょう。

誰《だれ》に見せるのでもありません。

恐《こわ》がらずに、飾《かざ》らずに、あなたが投げやりな想いをそのまま書けたなら
あなたを捕《とら》えていたエネルギーもすでにあなたの外に出ていったのです。

投げやりな想い、空虚《くうきょ》な気持ちはあなたから離《はな》れていったのです。
そして、投げやりな想いの底にあった大切にしたかったものを見つけてください。
投げやりな気持ちの奥に隠《かく》れていた真摯《しんし》な意志を育《はぐく》んでください。

＊

わたくしは
もう一度、立ち上がります。
もう一度、歩き出します。
もう一度、探し求めます。

一瞬一瞬の出会いに

生きることの大切さを思い出します。
つまずいてもつまずいても立ち上がり
挫《くじ》かれても挫かれても強くなり
たたかれてもたたかれてもたくましくなり
だまされてもだまされても信深くなり
嫌《きら》われても嫌われても愛は大きくなります。

どうぞ
わたくしに光を与え続けてください。
どうぞ
わたくしに呼びかけ続けてください。

自信が持てないとき

「どうせ駄目《だめ》だろう」
「きっとうまくいかないに決まっている」
「どうしてあの人はあんなに強気《つよき》なのか」
「とても自分にはできそうにない……」

踏《ふ》み出さなければならないとわかっているのに、その一歩をなかなか踏み出せない。「自信」を持って進みたいのに、無性《むしょう》に心細く誰《だれ》か頼《たよ》りになる人はいないだろうかと周囲をうかがってしまい、いつも力強く歩んでいるように見える人を羨《うらや》ましく思うとき。

あなたが確かにしたい「自信」とは、一体どのようなものなのでしょうか。

他人《ひと》の前で一度は言ってみたい言葉――。

「私に任《まか》せなさい」「私ならできます」「必ず何とかします」「これなら大丈夫《だいじょうぶ》です」……。

でも、それが本当の「自信」とは限りません。

自信過剰《かじょう》の「快《かい》・暴流《ぼうりゅう》」の傾《かたむ》きが抱《かか》える「傲《おご》り」かもしれないからです。

ものごとが成就《じょうじゅ》するとき、問題が解決するとき
それはその人だけの力によって果《は》たされるものではありません。
どれほどその人が力を尽《つ》くしても、それを支える多くの助力《じょりょく》があって初めて果たされるのです。本当の「自信」を持っている人は、その事実を見失うことがありません。

本当の「自信」を持つ人は、困難な事態に向かい合ったとき、「これは何とか

できる」と思うのではありません。困っている人がいるとき、「私なら助けられる」と考えるのでもありません。

困難な事態に直面したとき、困っている人に関わるとき、「この事態の呼びかけに耳を傾けよう。そしてそれに応《こた》えるなら、きっと光転《こうてん》への道が開かれるはずだ。それを信じて『最善《さいぜん》の道』を尽くそう」——そう思うのです。

人が抱える苦しみでも、職場が抱える問題でも、地域や社会が囲《かこ》う困難でも、その道を開くのは、その人であってその人ではなく、自分であって自分ではありません。

もちろん、その事態を引き受ける自《みずか》らの覚悟《かくご》は何にも増して大切です。その事態に取り組む努力も大切です。

けれども、それでも常《つね》に、道は「開かれる」ものなのです。

他人《ひと》の力を過信《かしん》することがなく、それ以上に自らを過信することがなく
しかし、見えない世界からの助力と
その世界につながる一人ひとりの真《まこと》の自分・真我《しんが》*注の光に対しては
揺《ゆ》るぎない、絶対の確信を抱《いだ》いている――。
それが「本当の自信」なのではないでしょうか。

ですから私たちは、絶《た》えず祈りを忘れることなく、事態に向かい合おうとする
のです。

*

どうぞわたくしに
あるがままの現実を見させてください。

その事実のすべてを受けとめます。
そこに孕《はら》まれている呼びかけを聴かせてください。
その託《たく》された意味に、限りを尽《つ》くして応《こた》えます。

この事態に
この現実に
神の光を注《そそ》いでください。
その智慧《ちえ》と力に
わたくし自身を委《ゆだ》ねることができますように。

＊注　「真我《しんが》」——私たちの心の中心には、魂が座《ざ》しており、さらにその中心には、純化《じゅんか》された光の領域《りょういき》が広がり、その場所は、愛と智慧のエネルギーの次元でもある。この一人ひとりの存在の核となる最も本質的な我《われ》を、「真我」と呼ぶ。「真我への祈り」（六八一頁）参照。

緊張するとき

手のひらに汗《あせ》をかいている。
ドキドキと動悸《どうき》が激《はげ》しい。
口の中が渇《かわ》いて仕方《しかた》がない。
胸が押しつぶされそう……。

大事な会議
結婚式や会合のスピーチ
発表会、コンサートの本番
クライアント（取引先）へのプレゼンテーション（提案説明）
それを前に、緊張して平常心《へいじょうしん》を失いかけているとき。
いつもの落ち着きを忘れてしまったとき。

思い出すこと、一番大切なこと。
あなたは何のために
ここに立とうとしているのでしょうか。

あなたは
きっと理由《りゆう》があって
果《は》たしたい願いがあって
この時と場を迎《むか》えているに違いありません。

その理由を、目的を
思い出してください。
そしてそれを願っているあなたの気持ちを

思い出してください。

過去がどうだったか
未来がどうなるかではなく
今、この時と場に集中することです。
どう受けとめられ
どう評価されるかでもなく
本当に伝えたいことがあるから
果たしたいことがあるから
あなたはここに立っているのです。

その理由が、「願い」。
その目的が、「願い」。

その気持ちを取り戻《もど》すのです。
そしてこの時と場に一体となって
心を尽《つ》くしましょう。
そうすれば道は開きます。

＊

わたくしの心に光を与えてください。
今わたくしが
何のためにここにいるのか
その目的を思い出させてください。
何を願って
この時と場を迎《むか》えているのか

思い出させてください。

その目的、願いの一点に集中します。
わたくし自身をこの場に託身《たくしん》します。
果《は》たしたかったその想いを引き出してください。
後悔《こうかい》がないように、その一点に尽《つ》くさせてください。

劣等感《れっとうかん》に苛《さいな》まれるとき

皆が自分より確かそうに見えるとき。

自信のない自分を隠《かく》し切れないとき。

他人《ひと》と比較して、自分の足りなさや自分の不甲斐《ふがい》なさを嘆《なげ》くとき。


「あいつはいいよ、頭がいいから」

「あの人は何であんなに人から好かれるのかしら」

「私はどうせ駄目《だめ》、何をやっても大《たい》したことはない」

ひがむ心、自己卑下《ひげ》する想いに苛まれて
落ち込んでしまうことがあります。

劣等感が頭をもたげてきて自分をへこませることがあります。

けれども、よく考えてみましょう。
劣等感があるのは、優越感《ゆうえつかん》があるからです。
劣等感だけを持つことはできません。
劣等感と優越感とはコインの裏と表のようなものです。
あなたはまずそのことをよく考えてください。

劣等感を抱《いだ》いている心は
自分自身を見つめずに
いつも、自分よりも優《すぐ》れていると思うものを見上げています。
いつでも上を見ていたいのです。
そしてだから「自分は駄目だ」と否定してしまうのです。
でも同時に、自分より劣《おと》っていると思うものを気づかずに
見下げているのではないでしょうか。

劣等感とは実は
自分自身に対する、そして他に対する「差別の心」なのです。
劣等感のもとになっているのは比較する心。
他人《ひと》と比較することによってしか自分を確認できない心。
比《くら》べることのできないものまで比べている心――。

でも、本当に、すべての優劣《ゆうれつ》を決めることができるでしょうか。
「水」と「空気」、「花」と「根《ね》」
「父」と「母」、「娘」と「息子」のどちらが
優れていると言えるのでしょうか。

すべてが比べられると考えるとき

あなたは
あなたの中にある唯一《ゆいいつ》のいのちに目をつぶり
他の中にある唯一のいのちを殺してしまいます。

なぜ、あるがままの世界は、多様《たよう》なのでしょう。
なぜ、人々は様々なのでしょう。
それは、どれもこれもが、唯一のものとして
取り替《か》えることのできないものとして
はじめから、認められ愛されているからです。
「愛は多様をよろこぶ」という事実を、眼《め》を開いて見てください。

いのちの次元から見れば
すべてはかけがえのないもの。

比べることのできない尊《とうと》さを抱いています。
それが真実なのです。

このひととき、比較することを忘れてください。
このひととき、自他《じた》の中に息《いき》づくいのちのことだけを想ってください。

その唯一のいのちに基《もと》づいて
あなたが、あなたの可能性と責任を果《は》たしてゆくために——。

現実的に、事態に応《こた》える力を身につけるためには
失敗を繰《く》り返しても、鍛錬《たんれん》を持続させることが不可欠《ふかけつ》です。
つまずきも失敗も、あって当然の過程《かてい》なのです。
転《ころ》ぶことを過度《かど》に恐れることなく

そのつまずきや失敗自体が
前進であることを信じて
あなた自身を見守ってください。

*

わたくしは、自分を差別するのをやめます。
所有物や能力・立場とわたくし自身を混同《こんどう》しません。
わたくし自身のかけがえのないいのちを見つめます。
わたくしは、自《みずか》らへの心の差別を解《と》くことによって
すべての存在に対する差別をなくしたいのです。

わたくしは今

「すべてを大切に」という呼びかけを聴きました。
わたくしはそのままに
すべての存在を大切にして
共に生きることを望みます。

比《くら》べる心を消し
比べようとする眼《め》をつぶらせ
唯一《ゆいいつ》と感じる心をあらわし
唯一と観《み》る眼を開かせてください。

孤独感・寂《さび》しさに襲《おそ》われたとき

自分は独《ひと》りぼっちだ、という不安。
話し相手がいない寂しさ。孤立《こりつ》しているという焦《あせ》り。
除《の》け者にされているという恐れ。
寄《よ》る辺《べ》のない心細さ――。

人はもとより、独りで生まれ、独りで死んでゆく存在です。
あなたが孤独を抱《かか》えているように
誰《だれ》もが孤独を抱《いだ》いて生きているのです。
そのことをまず、心の中心に定めておきましょう。
そして、世界はすべてを抱擁《ほうよう》していること
すべての人間が見守られていることを忘れないでください。

私たちが共に生きているという事実から考えてみましょう。
まだ話をすることがなくても、同じ世界に生きている人たちがいます。
まだ心を通《かよ》わすことがなくても、同じ時空《じくう》に身を置いている人たちがいます。
同じように、孤独を抱えて歩んでいるのです。
ですから、あなたは呼びかけられています。
あなたから歩み出すこと。
あなたから手を差し伸《の》べること。
あなたから心を開くこと……。

自《みずか》ら自身に立ち戻《もど》れず
自らに正直に向かい合えず
自らを率直《そっちょく》に開くことができなければ

独りであることの焦りや恐れや寂しさや不安から
決して逃《のが》れることはできません。

どんなに大勢の人たちに囲《かこ》まれていようと
どんなににぎやかな生活があろうと
心を語ることなく話し
耳を傾《かたむ》けることなく聞けば
いよいよ独りになってゆくのです。

友だちと心を通わせることができないとき
家族と気持ちを分かち合えないとき
同僚や上司との間で協力し合えないとき
私たちが生きているそれぞれの場所で

自分が孤立し、理解し合えないと感じるとき
それぞれが独りであるが故《ゆえ》に強く結びつくことを想ってください。
互いが本当に出会えるように、全力を尽《つ》くしてみてください。

私たちはバラバラ別々なようで
見えない絆《きずな》を結び合っている一人ひとりです。
離《はな》れて見える孤島《ことう》と孤島が、海底深くでつながっているように
人と人も、あらゆる存在は一つのいのちとして結びついているのです。
そのすべての源《みなもと》に想いを馳《は》せてください。

私たちは魂の存在。
見える世界だけではなく

見えない次元で限りないつながりを抱いている一人ひとりです。
地上に生きる魂を見守る多くの存在があります。
見えない次元で
私たちを心配し、励《はげ》まし、応援し、支えてくれている存在があります。
私たちを守護《しゅご》し、導《みちび》いてくれる存在があります。
普段《ふだん》は気づくこともなく、考えようともしていない
その見えないつながりのことを想ってください。

私たちは、決して、切り離されている存在ではないのです。

＊

わたくしは

この孤独の中で、同じように孤独と向き合う声を聞きました。
わたくし以上に孤独に苛《さいな》まれ
寂《さび》しく時を送っている人たちがいます。

その人たちと共に生きるために
わたくしは
自《みずか》ら歩み出します。
自ら手を差し伸《の》べます。

わたくしは
一切《いっさい》と共にあり
一切につながり
一切と一つです。

そして、見えない次元で
わたくしを見守り支えてくれている存在があります。
その絆《きずな》をそのままにわたくしの中にあらわしてください。
どうぞ、その絆と共に歩ませてください。
わたくしを導《みちび》いてください。

不安と恐怖を抱《いだ》くとき

心の奥で、助けや救いを待ち望んでいることがあります。
落ち着かない。胸さわぎがする。胸をしめつけられている。
息苦《いきぐる》しい。激しい動悸《どうき》。
他人《ひと》の眼《め》が気になっている。重圧感。何となく嫌《いや》。嫌悪感《けんおかん》。人と会いたくない。
イライラする。物を乱暴に扱《あつか》っている。怒りっぽい。悲観的《ひかんてき》。投げやり。
人が信じられなくなっている。疑《うたが》い深くなっている。
人のことを悪く言いたくなっている……。
それは、何かを埋《う》め合わせるためのあらわれではないでしょうか。
自分でもよくわからずに、こんな症状に見舞《みま》われているとき、あなたは不安と
恐れの気分の中に捕《とら》えられているはずです。
一つのことに対する不安であっても、その気分は一日を支配します。集中力を

萎《な》えさせ、嫌な気分を引きずらせるのです。

「ああなったら……」「こうなったら……」「これは大丈夫《だいじょうぶ》だろうか」心配が心配を呼び、頭の中がパニックに陥《おちい》りそうになります。

この不安や恐れの否定的な魔力《まりょく》に捕えられてしまうと、心は正気を失い、現実に取り組むことよりも不安な想念との闘いに、「思い煩《わずら》うこと」に、心のエネルギーの大半を費《つい》やしてしまうからです。

そしてそのとき、いつの間にかあなたは現実に背を向けてしまっているのではないでしょうか。

人間は考えることができます。過去を想い、未来を想うことのできる力を与えられています。それが想像力や洞察力《どうさつりょく》につながります。

しかし、その同じ力が私たちに不安・心配・怯《おび》え・恐怖をもたらしています。

過去へのこだわりと未来への危惧《きぐ》となるのです。

ですから、どんな人にも不安は胚胎《はいたい》するということです。どんな人もそれと向かい合っているのです。

そのことを念じて、まず、不安と恐れの迷路《めいろ》を断《た》つことに集中しましょう。

想念のから回りではなく、「現在《いま》」を生きることに戻《もど》ってくること。

現在《いま》にしっかりと立つこと。

過去にとらわれず未来を思い煩《わずら》うことなく、具体的に現実に取り組むのです。

胸に手を当ててください。

ドキドキと脈打っている心臓、それが「現在《いま》」。

空を見上げてください。

とどまらずに流れる雲、それが「現在《いま》」。

今、生きているということ。

今できること、今すべきことに心を尽《つ》くすこと。
目的を思い出すこと。
何を一番大切にしたいのか。
頭の中にとどめずに実際に紙の上に書き出してみましょう。
そして
背負うべき不安は、恐れてばかりいないで背負ってみるべきです。
不安と恐れの中に飛び込むなら、そこには、ただ「生きる」ことがある！
不安を正直に背負って
その重みのゆえに、大切なものを一瞬一瞬選びとるのです。
不安があるということは、大切にしたいものがあるということ。
不安を感じたら、それを一層確かめること。

「不安」は頭の中にあり「不安」という現実はない。
あるのは生きる現場。
あるときは、待つこと。
あるときは、退《しりぞ》くこと。
あるときは、突入《とつにゅう》し関わってゆくこと。
ただ心を尽くして生きるだけ。
今日のいのちは今日のもの。

このことを念じて、勇気を出して不安と向かい合ってください。
あなたが想像で恐れていたよりも、ずっと小さな事態かもしれず
あなたが考えていたよりも、厳《きび》しい事態かもしれない。
いずれにしても
空想の不安の虜《とりこ》となるよりは実《みの》り多き「時」なのです。

*

わたくしに
光を与えてください。
勇気を与えてください。
力を与えてください。
あるがままの現実を見たいのです。
あるがままの事態を受けとめたいのです。

はだかで生まれ
はだかで歩き
はだかで暮《く》らし

はだかで還《かえ》る
人生の道を、いつも、はだかになって歩くことを思い出させてください。
ますます大切なものがはっきりするように
ますますわたくしの魂がたくましくなるように
どんなときも導《みちび》いてください。

悲観《ひかん》するとき（あきらめに縛《しば》られるとき）

「どう考えても、未来に希望が持てない」

「巧《うま》くいかないのではないか」

「今に駄目《だめ》になるのではないか」

「もう、おしまいだ……」

頑張《がんば》らなければならないと思えば思うほど、その責任が両肩《りょうかた》にのしかかってきて、暗い気持ちになってしまうとき。

後から後から否定的な想いが湧《わ》いてきて、消え入りそうな希望を脅《おびや》かすとき。

そして「もう駄目、無理」とあきらめに支配されそうなとき。


人生には、苦しいときがあります。

自分のすることなすことが全部、裏目裏目に出てしまい、思い通りにことが運ばない。しばらくすると、好転するはずの事態さえ悪い状態にどんどん追い込まれてゆく。

「すべてを放《ほう》り投げてどこかに行ってしまいたい」

「自分であることをやめてしまいたい」

そんなときは、これだけを心に問いかけてみてください。

大切なことは一体何であったのか。

必要でないものは何か。

正直にただ一つの大切なことを選ぶこと。

そうすれば、心は軽くなり、新しい世界が見えてきます。

あなたは自由にはばたくことができるようになるのです。

鳥は大空を高く飛ぶために、自《みずか》らの身を軽くしなければならず、そのために、自らの食をできる限りつつましくします。

花は美しく咲くために、自らをたくましくしなければならず、そのために、地深く根《ね》を下《お》ろし、一途《いちず》に光を求めます。

彼らは播《ま》かず刈《か》らず倉に収《おさ》めず、明日の糧《かて》を求めず、明日を思い煩《わずら》うことなく、一切《いっさい》を天地に預《あず》けて、今日を生きています。

そういう生き方を、あなたも求めているのではないでしょうか。


忘れてはならない大切なこと。

あなたが今、こうして在《あ》るという神秘《しんぴ》。

あなたが今、ここに生きるという神秘。

黙《だま》っていても与えられる限りなき出会い。

否定しても時を刻《きざ》むこのいのち。

あなたは支えられ生かされているのです。
あなたを支え生かそうとする
その力を信じてください。

苦しくてもつらくても
たたかれてもつき放されても
蔑《さげす》まれても辱《はずかし》められても
まごころを尽《つ》くすことを忘れない。
そうすれば
必ず道は開かれる。

念ずれば

嵐は過ぎ去る。
念ずれば
いのちの花開く。

＊

今、この時に向かい合う勇気を
わたくしに与えてください。
光を与えてください。
力を与えてください。

あきらめずに立ち上がることができるように
導《みちび》いてください。

希望の未来に向かって
新たなる一歩が踏《ふ》み出せるように
わたくしを支えてください。

失望・落胆《らくたん》するとき

「ああ、やっぱり駄目《だめ》だった」
「取り返しのつかない失敗をしてしまった」
「あんなに頑張《がんば》ったのに、結果が出なかった」
「こんなはずじゃなかったのに」
「お先まっ暗、もう終わりだ……」

どう考えても失敗の事実を消し去ることなどできず
もう可能性は皆無《かいむ》で、未来はないとしか思えないとき。
こんなに地球の重力が大きいものかと感じる。
体を動かすことすら大変で、息《いき》を吸うことさえも難儀《なんぎ》して
やっとのことで溜《た》め息をつくとき。

その「結論」は本当でしょうか。

私たちが生きているこの世界は
一つの状態にとどまることなく常《つね》に変化・流動《りゅうどう》し
無数の関わりに結ばれて、決して自分の思い通りになるはずのないものです。
この世界に生きるということは
想いも寄らない事態や自分が望まぬ現実が訪れるということ。
当然、「失敗」や「失望」を避《さ》けることができないということなのです。

違いに満ち
変化に満ち
出会いに満ちたこの世界――。

まさに、その中で生きてゆくことを願ったのが、あなたの魂なのです。

さあ、あるがままの世界を見つめてみましょう。

あるがままの事実は、あなたが思い描いていた一つのストーリー（願望や期待）が、今一つの壁《かべ》を迎《むか》えているかもしれないということ――。ただそれだけです。

動かし難《がた》い壁に見えるかもしれませんが、一つの壁であるということを心に刻《きざ》んでください。

それは絶望するには早すぎる「呼びかけ」なのではないでしょうか。

なぜなら、壁に直面することで、人は新たな生き方を見出《みいだ》す存在だからです。

そうです。

「壁」が立ちあらわれたから、人はもっと深く生きようとする。

「壁」が立ちあらわれたから、人はもっと高く生きようとする。

新たな次元を開き、もっと本質的に生きることができる――。

そして、考えてみてください。「失敗」について――。

「失敗」には、何となく過ぎてゆく時間より遙《はる》かに豊かな生き方が隠《かく》されています。

「失敗」には、順調なときより遙かに多くの発見の手がかりが刻まれているものです。

それは、科学上の発見でも、歴史上の発展でも、事実が示してきたことではないでしょうか。

世界からの「ノー」（否定）は、常に真実へとあなたを誘《いざな》おうとしているのです。

失敗してもやり直すことはできます。

あなたが、もう一度立ち上がることを

世界は待っているのです。

＊

わたくしは今一つの「壁《かべ》」に直面《ちょくめん》しています。
わたくしは一つのやり方に「ノー」を受け取りました。
これを「呼びかけ」として受けとめます。
新たな生き方のために
世界からの「声」に耳を傾《かたむ》けます。

「失敗」は痛く
「失望」と「落胆《らくたん》」をわたくしにもたらしています。
けれども

わたくしのうちには「願い」が息《いき》づいています。

この「願い」をあらわす道が必ずあることを信じて
わたくしは
もっと源《みなもと》に近づきます。
もっと智慧《ちえ》深い道を探します。
どうか
そのわたくしの歩みを支えてください。
わたくしに力を与えてください。

絶望するとき

重すぎる試練に見舞《みま》われたとき。
償《つぐな》い切れない失敗をしてしまったとき。
耐《た》え難《がた》い精神的な苦痛、身体的な苦痛に苛《さいな》まれるとき。

道が閉《と》ざされ
一切《いっさい》の希望を失って
未来がまったく見えないとき。
ときには
「こんなことなら死んだ方がまし」
「もう生きてゆくのに疲《つか》れた……」
生きる気力すら失《う》せて

自分の命を絶《た》つことしか考えられなくなるようなとき。

思い出してほしいことがあります。
あなたがかけがえのない使命を抱《いだ》いた存在であるということ。
あなたは、理由《りゆう》があってこの世界に生まれてきた存在であるということ。
その理由を果《は》たさずに自《みずか》ら人生を閉ざすことはあまりに残念なこと。
そして、あなたとともに生きてきた家族や友人たちは
どんな形であれ、あなたがこの世の寿命《じゅみょう》を全《まっと》うすることを願ってやまないということ。

それに、もっと生きることを望んでも
病《やまい》ゆえ、災《わざわ》いゆえ、事故ゆえに
それが叶《かな》わない人たちがいることを忘れないでください。

私たちの世界は思うにままならない現実がつきものです。
すべての現実は一時《いっとき》としてとどまることなく移《うつ》ろい
あらゆる事態は複雑な関わりに結ばれて思い通りにはならない。
私たちが生きるのは、心の上に刃《やいば》を乗せているように耐《た》えるほかない「忍土《にんど》」の世界です。

どんな試練《しれん》が降《ふ》りかかっても
いかなる喪失《そうしつ》がもたらされてもおかしくはない世界――。

しかし、その試練には意味がないのではありません。
重く厳《きび》しい試練であればあるほど
それは多くのことを呼びかけているのです。
そのことを信じてください。

そして「忍土」であるこの世界には
すべての試練のときを導《みちび》く光の流れが存在していることを想ってください。
いかなる痛みも癒《いや》され、救われる、力の流れがあることを想ってください。
どんなときにも、いかなる状況でも
必ず、最善《さいぜん》をもたらす、一すじの道があります。
その道があなたを待っていることを念じてください。

*

わたくしに
光を与えてください。
力を与えてください。

わたくしの魂の所以《ゆえん》
この世界に生まれてきた理由《わけ》を明らかにしてください。
わたくしを生かしてきた助力《じょりょく》のすべてを
思い出させてください。

この試練を受けとめることができますように。
この苦難《くなん》に耐《た》えることができますように。

今は見えない
未来の道が明らかになるように
わたくしを支えてください。
必ず一つはある

「最善《さいぜん》の道」があらわれるように
わたくしを導《みちび》いてください。
どうか
わたくしに光を注《そそ》いでください。
わたくしに力を与えてください。

虚《むな》しさを感じるとき

「何をやっても虚しさが消えない」
「少しも希望が持てない」
「何のために生きているのかわからない」
忙《いそが》しく動いているのに、仕事は上向きなのに
心にポッカリと穴が空《あ》いてしまったように
心にどこからか隙間風《すきまかぜ》が入り込むとき。
どんなに巧《うま》くいっていても、充実して見えても
心が熱くならないとき。

気がつくと虚《うつ》ろな日々を送っている自分――。
何をやっても満たされず、どんなことにも大《たい》した意味を見出《みいだ》せない。

生きていること自体に意欲が持てなくなっている。
この虚しさは、あなたへの呼びかけかもしれません。

もしあなたが、そんな心の状態を感じたとしたら
その虚しさをただやり過ごそうとせずに
その隙間を何かで紛《まぎ》らわそうとせずに
しっかりと摑《つか》まえてください。
そして見つめてください。
あなたはあきらめてはいないでしょうか。
今感じている虚しさは、あなたの人生の結論ではありません。
往《ゆ》き着いた先ではなく、途上《とじょう》の壁《かべ》でしかないことを忘れないでください。

あなたが生まれてきたこと、生きていることだけで

あなたは多くの人々の歓《よろこ》びと悲しみに関わっています。
あなたが歩むことで脅《おびや》かされる人がいます。
あなたが尽《つ》くすことで助けられる人がいます。
その光と影の中心にあなたは立っています。
あなたの存在は、この世界に消えることのない痕跡《こんせき》を残すのです。

あなたに成《な》り代《か》われる人は誰《だれ》もいません。
その厳粛《げんしゅく》な事実を忘れないでください。
その事実に応《こた》え得《う》るのもあなたです。
あなたの生きる意味は、あなた自身が証《あか》すべきもの——。

あなたが心を注《そそ》いできたこと
あなたが心を傾《かたむ》けてきたこと

それを思い返してください。

あなたが本当に求めていることは、何なのでしょうか。
あなたが選ばなければならない道は、どこにあるのでしょうか。
あなたが応え始めなければならない時は、いつなのでしょうか。
まだその何かを見出すことのできない心
それがあなたの「虚しさ」の正体なのではないでしょうか。

*

この虚《むな》しさは
わたくしへの呼びかけです。
わたくしへの促《うなが》しです。

一体わたくしは何に、どう応《こた》えるべきなのでしょうか。

わたくしは新しい眼《め》を必要としています。
新しい心を必要としています。

どうかわたくしに光を与えてください。
わたくしの道を示してください。
わたくしが応えるべきことを明らかにしてください。

自分をあわれむとき（自己憐憫《れんびん》）

「私って、何てかわいそうなのかしら」

「私ばかり、どうしてひどい運命を背負わなければならないのか……」

「自分だけがいつも損《そん》なクジを引く」

自分が特別にみじめで悲しいと思えるとき。

自分だけが大変な想いをしていると感じるとき。


そういうとき、つい自分のことを慰《なぐさ》めたくなる気持ちは、多かれ少なかれ、誰《だれ》にでも生じるでしょう。

けれども、ときに人は、自分に対するあわれみの情《じょう》に本気で呑《の》み込まれてしまいます。

あたかも悲劇の主人公になったかのように、自分自身に対するあわれみや自分への同情に浸《ひた》り切ってしまうのです。

そして同時に、自分をこのような目に遭《あ》わせている原因を外に見て、他を責《せ》めてしまいます。

「私は少しも悪くない、悪いのは向こうだ」

一日中、何日もの間、何カ月もの間、同じ想いをグルグルと回って、そこから一歩も踏《ふ》み出そうとはしなくなるのです。

深刻《しんこく》そうな顔をつくって振舞《ふるま》うことはないでしょうか。そうすれば、誰も自分を責めることはなく、むしろ同情してくれるからです。

そんなとき、自分に問いかけてみてください。

「自分は今の状態に満足しているのだろうか」

「この状態にとどまることを望んでいるのだろうか」

「それとも、ここから一時《いっとき》でも早く離《はな》れたいのだろうか」

もし、離れることを望むなら、その想いに足を取られず、立ち止まらないことです。

「大変だけれど頑張《がんば》れ」

「つらいだろう、でも耐《た》えてゆこう」

疲《つか》れ、傷《きず》ついて立ち止まったとき、そう心を励《はげ》まし、自分に語りかけてみてください。

本当の苦難《くなん》に耐えて生きた人々は、自分をあわれみ続けている暇《ひま》などなかったでしょう。懸命《けんめい》に必死になっていなければ、生きてゆけなかったからです。彼らは生きることに真剣だった。深刻と真剣は、似《に》て非《ひ》なるものです。

苦しくても、つらくても、とにかく心を尽《つ》くして精いっぱい生きていた人々

貧しさに耐えた人々

病《やまい》に耐えた人々

戦争の悲惨《ひさん》を味わった人々
迫害《はくがい》を受けた人々
そして、今もどこかに現実に
そのような人々が生きていることを忘れないでください。

自己憐憫の想いが出てきたら
危険なものを無心《むしん》に遠ざけるように
スッと身を避《さ》けることです。
自我の匂《にお》いから逃げるように
無心になって
次の場所に赴《おもむ》くのです。

＊

今、ただちに
このわたくしの心の中から
わが身をあわれむ想いを消してください。

今、ただちに
このわたくしの心の中から
他を責《せ》める想いを消してください。

限りを越えた厳《きび》しさの中で
限りを越えた哀《かな》しみの中で
まごころを忘れず
救世《ぐせ》の悲願《ひがん》を貫《つらぬ》いた

幾多《いくた》の魂のことを思い出していたいのです。
名もなきその魂の兄弟と共に歩めますように。
わたくしに勇気と力を与えてください。

罪悪感《ざいあくかん》にとらわれるとき

迷惑をかけてしまった。
他人《ひと》を傷《きず》つけてしまった。
裏切ってしまった。
取り返しのつかないことをした。
他人《ひと》の一生を傷つけてしまった。

申し訳ない。
謝《あやま》っても謝り切れないとき。
どうしようもない重圧にやり切れないとき。
良心の呵責《かしゃく》、自責《じせき》の念が後から後から自分を追いかけてくるとき。

どうかその重さを忘れないでください。
その重さをいつも思い出していること。
それが、あなたが歩むことのできる「最善《さいぜん》の道」の始まりです。

人間はその内に光と闇《やみ》を抱《いだ》いている存在です。
光を求めるべきだとわかっていても
ときに闇に傾《かたむ》いてしまうことがあります。
自分の利益のために、自分を守るために、あるいは愛する人を守ろうとして
闇につながってしまうことがあります。
罪であるとわかっていても流されてしまう。
人としての道が見えていても踏《ふ》み外《はず》してしまう――。
そのような弱さやカルマ*注を抱《かか》えているのが人間なのです。

日増《ひま》しに大きくなる罪悪感を覚《おぼ》えているとしたら
忘れようとして忘れられない罪の意識を覚えているとしたら
それはあなたの魂が
その弱さやカルマと向き合おうとしている〝しるし〟。

自分の弱さを見つめてください。
そして、自分の意志を超えるようなカルマの力がはたらいていることを
直視《ちょくし》してください。

そのような人間であるからこそ
自《みずか》らを大いなる存在に委《ゆだ》ね
罪の償《つぐな》いの歩みを心に想ってください。

その罪自体を直接償うことが難《むずか》しい場合もあるかもしれません。
ならば、できる限りの光を、あなたが生きて注《そそ》ぐことをもって
その歩みとすることを心に念じてください。
自らを与える歩みを通じて
償いの想いを現してゆくことではないでしょうか。

そして良かれと思いながら、結果として罪になってしまったと感じているあなたに――。

この世界で生きる以上
私たちはどこかで誰《だれ》かの人生を横切らざるを得ません。
良かれと思うことばかりを為《な》してきたとしても
自分の想いに反して

誰かを傷つけたり、誰かの人生を狂わせてしまう。
それが、私たちが生きている世界の宿命《しゅくめい》なのです。

勝つ人がいれば負ける人がいて、得る人がいれば失う人がいる。
光が射《さ》せば影が生まれる。
思い通りの人生など歩めるはずもなく
思いもかけない悲苦《ひく》が降《ふ》りかかる。
それを敢《あ》えて受容《じゅよう》し、耐《た》え忍《しの》ばなければならない場所。
それが忍土《にんど》。私たちの人生の舞台《ぶたい》にほかなりません。

あなたは今、自ら忍土そのものです。
だからこそ、その重さを忘れずに
あなたの人生の道を歩んでいただきたいのです。

その重さを引き受けることは、決して
後悔の輪廻《りんね》の中に身を沈《しず》めることではありません。
単純に自責《じせき》の念に呑《の》み込まれることでもありません。

大切にあなた自身の道を歩むことです。
心を込めて人生を創造してゆくことです。
それが結局は
その重さに応《こた》える道ではないでしょうか。
そしてその途上《とじょう》で
できる限り、自らを与えることを通じて
償いの想いを現してゆくことではないでしょうか。
恩返《おんがえ》しを忘れないことではないでしょうか。

相手の方ばかりでない
忍土ゆえに傷つき、疲《つか》れた人々は
今もどこかで
ささやかな助力《じょりょく》を待っているのです。

*

わたくしは
わたくしの光の歩みを通じて
償《つぐな》いの日々を生きます。
わたくし自身を与えることを通じて
贖《あがな》いの時を重ねてゆきます。

どうかわたくしの弱さを支えてください。
わたくしが自《みずか》らのカルマを超えることができますように
わたくしを導《みちび》いてください。

わたくしが与えた傷《きず》や痛みは
わたくしの人生の重力です。

わがままな欲望に揺《ゆ》り動かされないように
危険な誘惑《ゆうわく》に負けないように
大切な人生の道を歩んでゆきます。

後悔や自責《じせき》の念に呑《の》まれる自分から

離《はな》れることができますように。

そして何よりも
共に生きる人たちと一緒《いっしょ》に
それぞれの天命《てんめい》を全《まっと》うすることができますように。
そのための助力《じょりょく》を惜《お》しまないわたくしになってゆきます。

そのわたくしを支えてくださいますように。

＊注　「カルマ」――私たちの魂の中には、「魂願《こんがん》」と「カルマ」という二つのエネルギーが混在《こんざい》している。「魂願」とは、その魂がどうしても果《は》たしたいと願っている魂の願いであり、光のエネルギー。「カルマ」とは、魂の未熟であり、弱点、闇《やみ》のエネルギー、魂願を生きることを阻《はば》む力である（詳しくは、小著『あなたが生まれてきた理由』参照）。また本書「魂願成就《じょうじゅ》のための祈り」（六五二頁）、「カルマ超克《ちょうこく》のための祈り」（六五八頁）参照。

自己嫌悪《けんお》・自己否定に陥《おちい》ったとき

自分がつくづく嫌《いや》になってしまうときがあります。

駄目《だめ》な自分、失敗ばかりしている自分、意気地《いくじ》のない自分、決心がすぐ崩《くず》れてしまう自分……。

そんな自分が嫌でたまらない。できるものなら、どこかへ消えてしまいたい。

情《なさ》けない自分の実態を誰《だれ》よりも自分が一番わかっている。

「ああ、何てバカなんだ」

「ダメ、ダメダメダメダメ…………」

なかなか脱《ぬ》け出せない意識の迷《まよ》いの森。迷路《めいろ》に迷い込んだように、ぐるぐる同じところを回り続ける。泥沼《どろぬま》のような輪廻《りんね》。

悩《なや》んでも意味がないことはわかっていても、どうしても一歩が踏《ふ》み出せないのです。

ときには自分のすべてを否定したくなってしまうときがあります。

「自分なんか生きていてもしょうがない」

「自分がいることで皆迷惑《めいわく》している」

「生まれてこない方がよかったんだ」


もうそのくらいでよいでしょう。自分自身を粗末《そまつ》に扱《あつか》うのは——。

自分を苛《さいな》んだり卑下《ひげ》したりするのは、やめるべきではないでしょうか。

自分を否定し、抹殺《まっさつ》しようとするのは、あまりにも悲しいことではないでしょうか。


たとえ、未熟な自分自身、欠点だらけの自分自身であっても、その自分を心の中で抱擁《ほうよう》してあげてほしいのです。排斥《はいせき》したり否定したりするのでなく、あるがままをそのまま受けとめてあげてください。

「こうでありたい」

「こうでなければならない」

「こうであるはずだ」

あなたの中のそんな想いが、今のあなた自身を認めようとしていないのではないでしょうか。そこから出発することを拒《こば》んでいるのではないでしょうか。

願いや理想は大切です。
本来の自己を求めることも大切です。
でも
願い通りに生きられないからと言って、現実の自分を苛むのは見当違《けんとう》いです。
現実の自分に根《ね》を張ってはじめて、願いは私たちを支えるのです。
高すぎる理想は、投げやりで行き過ぎた自己否定を生み出します。それはただの幻想《げんそう》になってしまうからです。

現実から出発することです。

それが自分に対して最も誠実《せいじつ》な生き方です。

そして、あなたが生きているという事実を否定することはできません。あなたが生きている意味を消滅《しょうめつ》させることは誰にもできないのです。

その上で、あなたが願う姿に向かって近づいてゆくことは、いつでも開かれている道です。

＊

自《みずか》らを嫌悪《けんお》する幻想《げんそう》から

わたくしはわたくしを解《と》き放《はな》ちます。

自らを否定する闇《やみ》から
わたくしはわたくしを自由にします。
自分のすべてを受け入れさせてください。
現実のすべてを愛したいのです。

このわたくしから出発します。
このわたくしから歩き出します。
生きることにすべての力を注《そそ》ぎます。
「今」に心を尽《つ》くせますように。

今日この日が
未完《みかん》の人生の頂《いただき》となりますように。
どうか

わたくしを導《みちび》いてください。
わたくしを支えてください。

後悔にとらわれるとき

心に懸《か》けていたことが巧《うま》くいかなくなった。

大事なことなのに悪い結果が出てしまった。

取り返しのつかない失敗をした。

そういうとき
私たちは後悔に覆《おお》われます。

胸にひしひしと迫《せま》る圧迫感《あっぱくかん》。

「あの選択《せんたく》さえ間違わなければ……」

「あのとき、あんなことさえ言わなければ……」

過去のこと、過ぎてしまったこと、今からどうすることもできないこと。

でも、だから一層、人はその失敗を悔《く》いざるを得ないのです。

悔やんでも悔やんでも悔やみ切れない。
あのときの場面が何度も何度も、頭の中に蘇《よみがえ》って果《は》てしなく繰《く》り返される後悔の劇。
そんな輪廻《りんね》の中に埋没《まいぼつ》し、時を費《つい》やしてしまうことがあります。
嘘《うそ》のように、囚《とら》われ人《びと》となって脱《ぬ》け出せなくなるのです。
しまいに
「こんなことになったのはあいつのせいだ……」と
誰《だれ》かを責《せ》め、ふてくされて投げやりになる。
今は、その後悔を連鎖《れんさ》させないことが大切です。

本当の「後悔」は、新たな「願い」を結晶《けっしょう》させるもの——。
大切な時だから、大切なことだから悔やむのではないでしょうか。
大切に想う心。その心は一体どこへ行ってしまったのでしょうか。

目的は何でしたか。大切にしたいことは。
そのことはもう終わってしまったのでしょうか。
何もなくなってしまったのでしょうか。
後悔が照《て》らし出しているはずの願いを思い出してください。

「ものに始まりと終わりなく
ことに始まりと終わりなく
悉《ことごと》く永遠の生命《せいめい》を得て
ただ理《ことわり》の上に生命の潮流《ちょうりゅう》をなす」——『生命の余白《よはく》に』（三宝出版）

そして、今もなお、新しい縁起《えんぎ》（原因と結果の連《つら》なり）が生まれつつあるのではないでしょうか。

そうです。
一切《いっさい》は常《つね》に新しい縁起の中にあります。
「今」は常に新たな始まりです。

人生には「手遅れ」も「挫折《ざせつ》」もない。
あるのは
人の心の中にある「もう遅い」「もう駄目《だめ》だ」という断念《だんねん》だけ。
自分の心が「手遅れだ」「終わりだ」と断《だん》じたとき
人は自《みずか》らその現実をつくり出す。

人は
想うように生き、想う者になってゆきます。

だからこそ、希望を捨てないこと。
その灯《ともしび》を消さずに、その灯を目ざして進むこと。

あなたは前進する生命です。
すべてをつなぎとめつつ、すべてを抱擁《ほうよう》しつつ
渾身《こんしん》の力を込めて、万感《ばんかん》の想いを込めて
一歩、一歩、と足を運ぶのです。
前進です！

＊

後悔の引力に負けずに
前に進んでゆく力を

不壊《ふえ》の希望を
無尽《むじん》の勇気を
わたくしの中にあらわしてください。

大切なのは生かされる「今」。
大切なのは生きるべき「これから」。

この悔《く》いの重さが
光となり、願いとなって
新たな一歩の
確かな一歩の
礎《いしずえ》となりますように。

苦手《にがて》意識が芽生《めば》えたとき

思うようにできない、はかどらない、失敗ばかりだ。ちょっと緊張してしまう。何となく後ずさりしたい気分。


「気が重い」

「気が進まない」

「できれば遠慮《えんりょ》したい」


「嫌《いや》だな」

「面倒《めんどう》だ」

「キャンセルになればいいな」

「やらなくちゃ駄目《だめ》?」

「やらなくてはならないのはわかっているけれど……」

逡巡《しゅんじゅん》しているうちに、躊躇《ちゅうちょ》しているうちに時間はどんどん過ぎてゆく。
苦手な気持ちが積み重なると
圧迫《あっぱく》され押し潰《つぶ》されるようで
嫌になり不安になって苦しくなります。

「あの人にわかってもらわなければならないのだけれど……」

「皆を引っぱっていかなければならないのだが……」

失敗は許されない。

苦手な相手、苦手な仕事。


できれば、そのままやり過ごしたい。

でも、向かい合わずに、取り組まずに済《す》ませることができるでしょうか。

どうやってもぎこちなく
何をやっても下手《へた》で
でも、そんな自分から出発するしかない自分。
すべてに得手《えて》な人はいないものです。
誰《だれ》にでも苦手はあるものです。

あなたが恐れているのは何でしょうか。

守ろうとしているのは何でしょうか。

「失敗したくない」

「恥《はじ》をかきたくない」

「負けたくない」

「うまくやりたい……」

そんな気持ちばかりが先に立ってはいませんか。

でも、最初からうまくできる人がいるでしょうか。
人は迷わずに転《ころ》ばずに失敗せずに
歩むことはできません。
歩けるようになるために
人は幾度《いくど》つまずいてきたことでしょう。
つまずきながら転《ころ》びながら
人は成長するのです。
何もできず何も話せない
未熟《みじゅく》で無力な赤子《あかご》から始まる人生。
間違《まちが》う権利、失敗する権利を人は与えられているようなものです。
間違えることより、失敗することより
恐れるべきは、何もしないでためらいのうちに人生を終えること。

この世界を生きる秘訣《ひけつ》とは
苦手なものにも全力でぶつかること――。
あきらめずに、悪びれずに心を尽《つ》くすこと。

苦手なら、なお一層のこと
虚心《きょしん》になって取り組むこと。
心を励《はげ》まし、内なる力を信じるのです。

＊

わたくしは
否定的な想念を離《はな》れます。

すべて降《ふ》りかかったものを
肯定《こうてい》し
背負い
味わう
人生の道を歩んでゆきます。

苦手なもの
苦手なことの内に
光を見出《みいだ》させてください。

どんなことにも
まごころを尽《つ》くせるように
勇気を与えてください。

迷うとき

一体どうしたらよいのか。
どれを選ぶべきか。進むべきか退《しりぞ》くべきか。左か右か。
誰《だれ》を信じたらよいのか。

決めなくてはいけない。判断しなければならない。
けれども、どうしたらいいのかわからない。
振《ふ》り子のように、揺《ゆ》れ動く想いのとき。

誰もが迷いを抱《いだ》きます。迷わない魂はないのです。
迷いの中で、見つめ、考えて、自《みずか》らの道を少しずつ進めてゆく。
自分の内を見つめながら、自らの心の井戸《いど》を少しずつ掘《ほ》ってゆく。

すべての人があなたと同じ道を歩んでいるのです。

意識を沈黙《ちんもく》させて
「今」を紙の上に描《えが》いてみましょう。
自分自身の立っている場所。
目的は何か。大切にしたいことは何か。
関わりはどうか。影響はどうか。
大切なことの優先順位《ゆうせんじゅんい》。可能性と制約。
建て前ではなく、きれいごとではない、正直な自分の想い。
見栄《みえ》もはらず、悪ぶりもせず
二つの想いがあれば二つの想いを
三つの想いがあれば三つの想いを
モヤモヤとした想いはそのままに

とにかく、書いて、眼《め》で確かめてみましょう。
頭の中に押し込めずに
全部吐《は》き出して、頭の中の意識の波をまず鎮《しず》めること。

棘々《とげとげ》しい心、かさかさした心、曇《くも》っている心
曲がっている心、力んでいる心、震《ふる》えている心
その心に光を受けるのです。
そこから離《はな》れて
大きく澄《す》んだ心、丸く輝《かがや》いている心を自分の中に取り戻《もど》すのです。

忘れてはならないのは
他人《ひと》に意見を求めても
他人《ひと》の助けを得ても

最後に選びとるのは自分自身であるということ。
正直な一歩を選ぶこと。
悔《く》いなき一歩を選ぶこと。

本当に大切ないのちは一つ。
本当に大切な心のあり方は一つ。
その一つにつながっていれば
すべては
いきいきと
はつらつと
輝き出す。

右に行けば右の生き方の中に

左に行けば左の生き方の中に
それぞれに「最善《さいぜん》の道」が一つは待っていることを忘れないでください。

＊

迷うな迷うなと大地は支えてくれています。
迷うな迷うなと大空は見守ってくれています。
わたくしは、今日、大地を踏《ふ》みしめているでしょうか。
わたくしは、今日、大空を仰《あお》いでいるでしょうか。
天地につつまれた自分のことを確かめているでしょうか。

他に生かされつつ
一切《いっさい》に生かされつつ

人生の道を切り開きます。
他を生かしつつ
一切を生かしつつ
人生の道を切り開きます。

わたくしにとって
今、最も必要な選択《せんたく》をさせてください。
今、最も大切な道をあらわしてください。

この一歩が
本当に悔《く》いなきものになりますように。

動転《どうてん》しているとき

「どうしよう。もう駄目《だめ》」

「何も手に付かない。何も考えられない」

「でも、これもしなくちゃ、あれもしなくちゃ」

頭の中がぐるぐる回って焦点《しょうてん》が定まらないとき。

そのようなとき
普段《ふだん》なら決して起きるはずもない大きな失敗が連鎖《れんさ》することがあります。
普段なら決して下《くだ》さない誤《あやま》った判断をしてしまうことがあります。
ですから大切なことは
あわてて行動に移さないこと。
あきらめてしまったり、投げてしまったりせずにまず、いつものあなたの感覚を取り戻《もど》すことです。

とにかく
息《いき》をゆっくり吐《は》いてみましょう。
すると、ゆっくり空気が入ってきます。
その大気があなたを生かしています。
あなたは「今・ここ」に生きていることをしっかり感じることができます。
何かに触れて、その感触に集中しましょう。
冷たい水。暖《あたた》かい陽《ひ》の光。涼《すず》しい風。動かない柱や壁《かべ》……。

確かに、ここに感じられるものがある——。ここにあなたの現実があります。
さあ、ここからあなたの現実をもう一度取り戻してゆきましょう。

今、あなたが一番守らなければならないことは何でしょう。
今、あなたが一番大切にしなければならないことは何でしょう。
今、あなたの心に湛《たた》えられるべき、祈りはどんなものでしょう。
今、あなたが思い出さなければならない願いはどのようなものでしょう。

その一つから始めるのです。
その一つを見失わなければ、道はあります。
その一つを忘れなければ、道は開かれます。

*

そのことを信じて、もう一度心に問いかけてください。

わたくしに光を与えてください。
世界を本当に見ることができるように。
わたくしに力を与えてください。
本当の必要に応《こた》えることができるように。

今、わたくしは「呼びかけ」を聞きました。
今、わたくしは「促《うなが》し」を感じました。
それらにまっすぐに応えることができますように。
わたくしに導《みちび》きを与えてください。
この世界に自《みずか》らを委《ゆだ》ねる信を与えてください。

恥《はじ》を気にするとき（他人《ひと》のまなざしを気にするとき）

「一体どう思われているのかしら」

「どんなふうに見られているのだろう」

「こんなことしたら笑われるだろうか」

他人《ひと》の眼《め》が気になるとき。


「みっともないまねだけはしないでおくれよ」

「親に恥をかかせる気か」

「世間様《せけんさま》に後ろ指をさされるようなことだけはしないでね」

「ちゃんとしなさい」

あなたに訴《うった》えかける声がします。

私たちは皆、他人《ひと》のまなざしの中で育ってきました。

生まれ落ちたとき、母親か誰《だれ》かに守られなければ生き存《なが》えることはできなかったでしょう。

受け入れられることは「生」、拒絶《きょぜつ》は「死」を意味するからです。

安全になることは生命体にとっての至上《しじょう》命令でした。

ですから、母親に受け入れられることを始まりとして、常《つね》に「他人《ひと》に認められたい」「受け入れてほしい」と思ってきたのです。

逆に、「拒絶されたら、仲間はずれにされたらどうしよう」という恐怖も嫌《いや》というほど味わってきたでしょう。

「特別にはなりたいが、皆から離《はな》れたくはない」

「つかず離れず群《む》れていたい」

多くの人がこの言葉にうなずく想いを持っているのではないでしょうか。

恥を感じることや恥ずかしいという気持ちが、謙虚《けんきょ》さから、魂の清さから出るときもあります。自《おの》ずから存在を大切にする心のあらわれとして生じることがあります。

しかし、それが行き過ぎたり、動機がズレたりするとき、それはもう魂の清さでも何でもなく

「他人《ひと》の眼にどう映《うつ》るか」

「よく映りたい」

「低く見られるのは嫌《いや》だ、耐《た》えられない」

というように際限《さいげん》なく動いてゆくのです。

虚栄《きょえい》――見栄《みえ》の欲望そのものになるのではないでしょうか。

ただの面子《めんつ》や世間体《せけんてい》の問題になるのではないでしょうか。

私たちは誰もが、「見せるための自分づくり」に夢中《むちゅう》になってきた過去を抱《いだ》い

ています。

自分の人生の道を歩みながら
他人《ひと》の眼にさらされることを気にして道草《みちくさ》をしてしまう。
自《みずか》ら生きる自分ではなく
他人《ひと》の眼に手綱《たづな》をつかまれた馬のように
走り出したり、立ち止まったり、そしてやがて
自分の道を忘れてしまう。

けれども、誰もあなたの存在を否定することはできないのです。
あなたという存在の尊厳《そんげん》を冒《おか》すことはできません。
その事実をもっと深く味わうことが必要ではないでしょうか。
あなたが正しいと思うことを
必要だと思うことを

虚心《きょしん》に行うことではないでしょうか。

＊

他人《ひと》のまなざしの中で
見せるために自分をつくろうのではなく
自《みずか》らを見つめ生きるわたくしをあらわしてください。
まごころに従って
貫《つらぬ》くものを抱《いだ》けるように
智慧《ちえ》と力と信を授《さず》けてください。

はだかで生まれ
はだかで歩き

はだかで暮らし
はだかで還《かえ》る
人生の道をいつも、はだかになって歩くことを
思い出させてください。

わたくしの魂は
清く
強く
簡素《かんそ》で
慈《いつく》しみに満ちているのです。
この魂のすがたそのままに
人生の道を歩ませてください。

欲得《よくとく》の衝動《しょうどう》に突き動かされるとき

「こんなことしていられない。早く手を打たないとチャンスを逃《のが》してしまう」

「急がないと、出し抜かれるぞ」

「儲《もう》けるなら今だ。今やらずしていつやるんだ」

「後先《あとさき》ばかり考えていると時流《じりゅう》に乗れないぞ」

「こんなうまい話を放《ほう》っておくなんて、バカな奴《やつ》だ」

「時代に乗り遅れる奴は所詮《しょせん》、それだけのものさ」

「欲得」とは、貪欲《どんよく》と利得《りとく》、貪《むさぼ》り得ようとすること。
自分の利益をもっと大きく
自分の力をもっと確かにしたい。
もっともっと、もっともっと……。

これを手に入れたいと思うと
何をしてでも誰《だれ》かを傷《きず》つけてでも
欲しくて仕方《しかた》がなくなるとき。
自分の望みのためには
他人《ひと》や周囲のことなど目に入らなくなってしまうとき。

生きることにおいて、「今」はすべてを意味します。
すべてがこの瞬間から始まり、この一瞬に起こるものだからです。
今を逃《のが》したら、「そのとき」はない。
「チャンスの神様に後ろ髪《がみ》はない」ということも、本当のことです。

しかし
「今」とはカオス、混沌《こんとん》とした未分化《みぶんか》の状態です。

光転《こうてん》にも暗転にもつながる可能性を抱《いだ》いた事態です。
そのカオスに一度《ひとたび》手を触れてしまったら
それを元に戻《もど》すことはできません。
欲得・貪りの心で触れるなら
暗転は必然です。
だからこそ、心して「今」に向かい合わなければならないのです。
あなたが見ている現実は真実でしょうか。
あなたの認識に歪《ひず》みはないでしょうか。
あなたの願望は本物でしょうか。
それは本心につながる願いでしょうか。

それを瞬間的に自《みずか》らに尋《たず》ねてください。
そして、あなたの未来が最善《さいぜん》のものになるように念じてください。

*

わたくしと
わたくしを含《ふく》む事態に
光を注《そそ》いでください。

わたくしが想いの歪《ひず》みから離《はな》れて
現実を直視《ちょくし》することができますように。
はやる想いを鎮《しず》めて
本心の願いを見きわめることができますように。

わたくしの現実が

真実、輝《かがや》くものとなるように
わたくしの未来が
「最善《さいぜん》の道」に運ばれるように
わたくしを導《みちび》いてください。

執着《しゅうちゃく》と欲望から離《はな》れられないとき

「あきらめられない」
「あきらめたくない」
「もう少しだけ」
「このぐらいなら」

離れない心。気になって気になって仕方《しかた》がない。
こだわっている。忘れられない。とらわれている。
他人《ひと》を押しのけても欲しい。どうしても手放したくない。

満足のために
特別になるために

尊敬《そんけい》を勝ち取るために
地位、立場、評判、名声、権力、財力《ざいりょく》、人間関係……。
「これ」だけは自分のものにしておきたい。

あなたの眼《め》には、今何が映《うつ》っているでしょうか。

何ものも
何ごとも
流れ動き、移り変わる。
あなたはこの神理《しんり》を受け入れることができるでしょうか。
「もの」や「こと」に執着するならば
人の苦しみは決して消え去ることはありません。

あなたは何ものにも替《か》えられないあなた自身。

「私」は「私」

「それ」は「それ」

混同《こんどう》せず、一度離れて見直してください。

地位をいくら上《のぼ》りつめても
服をいくら着込んでも
宝石でいくら飾《かざ》り立てても
名声をいくらたくさん手に入れても
他人《ひと》をいくら思い通りにできたとしても
それでもかなわないものを
はじめからあなたは抱《いだ》いているのです。

はつらつとして
力強く
たくましく
光に満ちたあなた自身。
そのあなたをこそ本当に大切にすべきなのではないでしょうか。

息《いき》をひそめてみましょう。
思惑《おもわく》や憶測《おくそく》を沈黙《ちんもく》させてみましょう。
肉の眼を閉じてこころの眼を開くのです。
一体、そこに何が聞こえてくるでしょうか、何が見えてくるのでしょうか。

とらわれとこだわりから
さながら合戦《かっせん》の修羅場《しゅらば》になっている心。

意識の闘争《とうそう》を休止することはできないでしょうか。
片意地《かたいじ》になって、必死になってしがみつこうとすればするほど
苦しみをつくるばかりです。
自己保存の呪縛《じゅばく》からあなた自身を解《と》き放《はな》ってあげてください。
たとえ、一時《いっとき》でも、一秒でも、一瞬でも
想いを鎮《しず》めて
平《たい》らかな心になるように
光を求めて祈ってください。

*

溢《あふ》れてこようとする
とどまることのない欲望を消してください。

足《た》ることを知らぬ欲望を消してください。
執着《しゅうちゃく》によって見えなくなっている
こころの眼《め》を開かせてください。

わたくしはすべてを感じたいのです。
わたくしはあるがままを受け取りたいのです。
何がどこに赴《おもむ》き
どの場所に落ち着くのが最もふさわしいのか。
そのままを明らかにしてください。

あらゆる「もの」と「こと」が本来の場所に赴くことを
わたくしは願っています。
わたくしに与えられ、用意された「もの」と「こと」を

恩寵《おんちょう》の導《みちび》きとして
人生の道を歩む何よりの糧《かて》とさせてください。
自《みずか》らの井戸《いど》を掘《ほ》りゆくよすがとさせてください。

比較・競争にとらわれるとき

どうしても負けたくない。
相手より勝《か》っているか、負けているか
そのことが気になって気になって仕方《しかた》がない。
能力、立場の評価、評判、人気……。

相手より勝《まさ》っていなければ不安になり
その相手が評価されるだけで居《い》ても立ってもいられなくなるとき。

あなたは
本当に大切にすべきものが見えなくなっているのではないでしょうか。
かけがえのないあなた自身を見失っているのではないでしょうか。

取り組むべき現実を前にしても
あなたの眼《め》に映《うつ》っているのは
周囲の人たちの眼。
あなたに聞こえてくるのは
周囲の人たちの声。

今、このとき
現実が孕《はら》んでいる「兆《きざ》し」が見えないとしたら
今、このとき
この事態が運んでくる「呼びかけ」が聴こえないとしたら
それが一番悲しいことではないでしょうか。
それが一番残念なことではないでしょうか。

比較と競争によって
自分を証明しようとするなら
孤独な闘いを限りなく続けてゆかなければなりません。
見せるための自分を際限《さいげん》なくつくり続けなければならなくなります。
どこまで行っても、その果《は》てに安らぎはありません。

他人《ひと》は皆ライバルになり
心を開くことなどできません。
認めさせようとして力を入れれば入れるほど
他人《ひと》を信じられなくなり、孤独になってゆくのです。

あなたはもういい加減《かげん》

自分を追いつめる苦しみの輪廻《りんね》から
自由になるべきではないでしょうか。

あなた自身が求めるべきは
本当のあなた自身になることです。
あなたというオンリーワンの存在に秘《ひ》められた
いのちを花開かせることです。
あなただけが担《にな》っている人生の仕事
人生の目的と使命を果たすことなのです。

＊

比《くら》べることのできないいのちがここにあります。

競《きそ》うことのできないかけがえのなさがここにあります。
それを見ようとしない眼《め》を開かせてください。
それを否定しようとする心を消し去ってください。

一人ひとりの内に
計《はか》り知れない光が宿《やど》り
一人ひとりの人生に
果《は》たすべき使命があることを
信じさせてください。

わたくしが
自《みずか》らに与えられた人生の仕事（使命）に
心を傾《かたむ》けることができるように

そしてその仕事を通じて
共にある多くの人々との絆《きずな》を確かにできるように
導《みちび》いてください。

力のある人に頼《たよ》ろうとするとき

「この人について行くのが得策《とくさく》」
「自分には、誰《だれ》が本当のリーダーか見分ける力がある」
「要するに一流のブランドを選ぶことが一番確実」
「世の中で評価されているものは、結局それだけの価値があるものだ」

世の中は競争社会。何を言っても「勝ち組」にならなければ、要は負け犬の遠《とお》吠《ぼ》えに過ぎない。

ものを言うのは、世間の価値観やブランドで
「それを早く掴《つか》んだ方が勝ちだ!」と思うとき。

持てる者がますます富み

持たざる者はますます貧しくなってゆく格差社会への流れの中で力と価値への傾斜《けいしゃ》は一層激《はげ》しくなっているように思えます。

意欲的で活動的な一見主体的に見える人の中に世間が認める価値やブランド、人脈《じんみゃく》への依存が大きくはたらいていることは少なくありません。

自分では主体的に生きていると思い込んでいても実は世間の価値観、ブランドに大きく影響され、翻弄《ほんろう》されているのです。


あなたが確かだと思っている価値とは何でしょうか。

人脈でしょうか。

ブランドでしょうか。

お金でしょうか。

たとえ手に入れたとしても、それは本来あなた自身のものではありません。

中心に置くべきものと
条件として使うものを取り違えてはいないか
自《みずか》ら自身に問いかけてください。

人には誰も冒《おか》すことのできない
眩《まばゆ》い光が蔵《ぞう》されています。
世界に感応《かんのう》し、応《こた》える力。
世界に起こる現実のすべてを受けとめることのできる愛の心。
あらゆる困苦《こんく》を吸い込み、それを光転《こうてん》の現実へと導《みちび》いてゆく智慧《ちえ》の心。
そして、決して消え去ることのない魂の願い。

あなた自身の内なる価値のことを
もう一度想ってください。

＊

どうか、わたくしに
真実のすがたをあらわにしてください。
わたくしは
自《みずか》らの内なる光を信じます。
わたくしの中には
世界に感応《かんのう》する力が眠り
決して消え去ることのない魂の願いが刻《きざ》まれています。
それこそ、揺《ゆ》るぎないわたくしの中心であることを忘れません。
どうぞ、この中心が
日一日と確かになり

確かな光を放《はな》つように
わたくしを支えてください。
その中心を確かにした上で
持てるものを条件として
生かすことができるように
わたくしを導《みちび》いてください。

嫉妬《しっと》を感じるとき

それはまず、「反感」として始まります。

相手の成功を喜べず、相手が認められたり評価されたりすることが面白《おもしろ》くない。

相手の失敗、評判や人気が落ち込むことをひそかに期待している。

相手の不利をどこかで願い、相手の窮地《きゅうち》を心の隅《すみ》で喜んでいる。

そして相手の状態に一喜一憂《いっきいちゆう》し始める。

相手のことが気になって眼《め》が離《はな》せない。

相手の嫌《いや》なところ、問題点を見つけては心がうなずき出してはいないでしょうか。

自分が、羨《うらやま》しい、妬《ねた》ましいと思っているなんて想像もできないときさえあります。

自分にもわからない、自分にも気づけない
心の奥のひそかな部分の黒いものが動き出す。
ハンドルを他人《ひと》に握《にぎ》られた車のように、手綱《たづな》を他人《ひと》につかまれた馬のように
腹を立てたり、恨《うら》んでみたり、嫌な気持ちになったり
いい気分になったり、嘲《あざけ》るような想いになったり……。
どうすることもできないまま、心が揺《ゆ》れ動いていないでしょうか。
そして、「自《みずか》らの人生を天地いっぱいに生きる」という一大事《いちだいじ》をすっかり忘れてしまう——。
自分自身の無限の人生のことを、どこかに置き去りにしていないでしょうか。

妬《ねた》み、嫉妬——。
それは恐ろしい刃《やいば》です。
相手を執拗《しつよう》に傷《きず》つけるだけでなく、ブーメランのように自分のところに戻《もど》って

きて心を卑屈《ひくつ》にし、歪《ゆが》め、束縛《そくばく》してしまうからです。

想念の泥沼《どろぬま》の罠《わな》であり、一度捕《とら》えられると際限《さいげん》なく自分を駆《か》り立てる黒い炎《ほのお》です。いつも相手と自分を比較し、自分の方が上であることを確認することによって自分の心を安定させる、という人間の業《ごう》が私たちの中に流れ込んでいます。

その業が、あなたの心の中で頭をもたげようとしているのです。


誰《だれ》でも、立場を持たない弱い人たちや逆境《ぎゃっきょう》にある人に出会えば、同情することができます。心優《やさ》しく接したいとも思うでしょう。

不幸だと思えば他人《ひと》を慰《なぐさ》め、一緒に悲しむことには心を傾《かたむ》けやすいからです。むしろ難《むずか》しいのは、他人《ひと》の幸せを一緒になって心から喜ぶことです。

嫉妬の想いが、それを難しくしてしまいます。他人《ひと》が幸福になると、自分の幸福が半減《はんげん》したり奪《うば》われてしまったりするように感じるからです。

けれども、本当の幸福は、一人ひとり違ったものとしてあるのです。断《だん》じて、人間は他人《ひと》の失敗や不幸によって幸福になるのではありません。人は、他人《ひと》の幸福によってよく生きることができる――。
　人間はそうつくられているのです。

そして、嫉妬に陥《おちい》っているとき、あなたが気にしているのは本当に相手のことだけでしょうか。
自分と相手を見ている「もう一つの眼」を、気にしているのではないでしょうか。
あなたを認めず相手を認めようとしている「もう一つの眼」を
あなたを無視し相手をもてはやしそうな「もう一つの眼」を
世間の眼、両親の眼、先生の眼
上司の眼、友人の眼、好きな人の眼を気にしているのではないでしょうか。
あなたが向き合わなければならないのは、その「もう一つの眼」なのではないでしょうか。

たとえもし、あなたが望むように
相手の失敗や不幸によってあなたにまなざしが向けられ
あなたの存在が認められることになっても
それでは結局
「私はこうした方法によらなければ認められないのだ」と
無力さを刻《きざ》むことになってしまうのではないでしょうか。
そして、あなたは自分を見失ったまま、ますます「嫉妬」の罠に駆り立てられてゆかざるを得なくなるのです。

「もう一つの眼」とあなたとの関わりを見つめ直してください。「もう一つの眼」に依存し執着《しゅうちゃく》する心から立ち上がり、自律《じりつ》して生きることを呼びかけられているのではないでしょうか。

そこに問題の核心《かくしん》があることに気づいたならば
それはきっと、嫉妬の罠からあなた自身を解《と》き放《はな》つことにつながるはずです。

＊

唯一《ゆいいつ》絶対のわたくし
唯一絶対の相手
唯一絶対の人々
唯一絶対の生きとし生けるもの――。

すべてのかけがえのなさを思い出させてください。

歓《よろこ》びと悲しみをいっぱいに抱《かか》えた一切《いっさい》のいのち。

その尊《とうと》さは、すべてが変わりないものです。
比較できないものを比較している誤りに、目ざめることができますように。

わたくしの中から
すべての妬《ねた》みの念を
退《しりぞ》けてください。

他人《ひと》の不幸せによってではなく
他人《ひと》の幸せによって生きることができる。
その真実に気づかせてください。

妬みの業火《ごうか》に焼かれた魂の傷《きず》が
その中心から癒《いや》されますように。

優越感《ゆうえつかん》・特別意識を抱《いだ》くとき

「他の人と一緒《いっしょ》にしないでほしい、私は特別なんだから」

「一体、俺《おれ》のこと、誰《だれ》だと思っているんだ」

「皆わかっていないんだよね……」

「やっぱり私は違う。どうしてこんなにわかっちゃうのかな」

「どうして皆には見えないのかな。こんなに明らかなのに……」

「どうせ最後は私が見なければならないんだから」

「まあ、皆も意見はいろいろ言うけど、大《たい》したことないね」


他人《ひと》と同じに扱《あつか》われるのは嫌《いや》だし我慢《がまん》がならない。

口には出さなくても、正直言って周囲の人たちは頼《たよ》りない。

もっとごく自然に、自分以上に事態をわかっている人も自分以上に適切に事態を捉《とら》える人もいないと思い込んでいる。
いろいろな人が意見を言っても、あてになる人はいないし
結局自分がやらなきゃならない。
最後は自分で確かめなければ気が済《す》まないと感じるとき。

もし、あなたがこのうちの
いくつかにうなずくとしたら
あなたは自分でそれほど意識しなくても
優越感や特別意識を抱いている人でしょう。
それはあなたを確かにしているようで、実はそうではないのです。

その優越感ゆえに
あなたはいつも高みから

他の人のことを見下《お》ろしています。
現実をわかっているものとして眺《なが》めています。
あなたが本当に高みにいるのではありません。
あなたは自分を高みに置くことで安心しようとしているのです。

その特別意識によって
あなたはどんなにたくさんの知人がいようと
本当には心を開くことができずに結局、孤独のままです。
どんなに意味のある現実に向き合おうと
その重さを見出《みいだ》すことができず
その重さを引き受けることができず
結局、冷たい人のままです。

人には違いがあります。
それは人間の成り立ち、人生の成り立ちそのものが
違いを生み出すようになっているからです。
けれどもそれは
優劣《ゆうれつ》を決めるものではありません。
貴賤《きせん》を定めるものでもありません。
人はその想いと言葉と行いによって
自《みずか》ら尊《とうと》さをあらわすのです。

あなたの中にある本当の尊さを想ってください。
それは誰《だれ》のうちにも息《いき》づく輝《かがや》き――。
その等しい尊さによって
あなた自身が比類《ひるい》なく輝くことを忘れないでください。

*

わたくしは今
「すべてを大切に」という呼びかけを聴きました。
わたくしはその「呼びかけ」のままに
すべてとともに生きることを願います。

わたくしがいつも
傲《おご》りのまなざしを離《はな》れ
優位の想いを砕《くだ》くことができますように。

そして誰《だれ》のうちにも輝《かがや》く

冒《おか》すことのできない尊《とうと》さへ
自《みずか》らを解《と》き放《はな》つことができますように。

その中心を見失うことなく
自らの道を生きることができるように
わたくしを導《みちび》いてください。

わたくしに
何か優《すぐ》れているものがあるとしたら
それはそのことを使って
しなければならないことがあるからです。
わたくしに
何か恵《めぐ》まれているものがあるとしたら

それはそれを通じて
果《は》たさなければならないはたらきがあるからです。
どうぞ、その道を歩ませてください。
わたくしを導いてください。

自信に溢《あふ》れるとき（傲《おご》り高ぶるとき）

「私がやればできる」
「私の言うとおりにしていれば問題はない」
「だから任《まか》せなさいと言ったのに」
「これだからできない人間は困る」

内側から力が漲《みなぎ》っていて
どんな問題でも解決でき
どんなテーマにも応《こた》えることができそうで
「恐いものは何もない」と思えるとき。
他の人が皆、小さく、頼《たよ》りなく見え
自分の力が際限《さいげん》なく引き出されるように感じるとき。

残念ながら
あなたは
空想の次元を生きているのかもしれません。

自分の能力
自分の優位
自分の権力を当然のものとするとき
あなたの心はバランスを失っています。

支えられている事実を忘れ
助けられている現実を見失い
与えられている真実を否定しているからです。

見つめてください。

あなたが優《すぐ》れているのは、あなたを押し上げた力がそこにあるからです。

あなたが特別に思えるのは、誰《だれ》かがあなたを守っているからです。

あなたに力があるのは、それはあなた以上に心を尽《つ》くしてくれる人たちがいるからです。

あなたは
世界に守られ
多くの人たちに支えられているのです。

もし優れた能力を与えられているとしたら
もし特別な立場を与えられているとしたら
もし強い権力を与えられているとしたら

それは
この世界のために
この時代のために
あなたが自《みずか》らを通じて捧《ささ》げるべきものがあるからではないでしょうか。
その力があなたに現れていることの意味を想ってください。

*

どうかわたくしに
世界の実相《じっそう》を見させてください。
どうかわたくしが
世界の真実を感じられるようにしてください。

独《ひと》り
宇宙の小さな主宰者《しゅさいしゃ》にならないように
わたくしを導《みちび》いてください。

わたくしは
わたくしであるだけでなく
樹々《きぎ》であり
鳥であり
月であり
山であり
彼であり
人々でもあるのです。

そのわたくしを思い出させてください。
わたくしが
この力を与えられたことの呼びかけに
確かに応《こた》えることができますように。

有頂天《うちょうてん》のとき

「やった！」

「うまくいった！」

「勝った！」

「どんなもんだい！」

思いどおりになったとき。

最高に幸せ。
何も眼《め》に入らないくらい
何も耳に入らないくらい
何も考えられないくらい
心が躍《おど》っている。

天にも昇《のぼ》る気持ち。

恐いものはない。

何でもできそう。

そう思える今――。


思いのままの成功で有頂天になっているとき「これで今までの苦労が報《むく》われた」という感慨《かんがい》も湧《わ》くでしょう。

ときには、「今まで自分を見下《くだ》してきた人間を見返してやりたい」というような衝動《しょうどう》に駆《か》られることもあるかもしれません。

今、あなたの心を占《し》めている歓《よろこ》びは、魂の中心から湧き上がる歓びなのでしょうか。

それとも、刹那的《せつなてき》な興奮でしょうか。

他人《ひと》との比較の中で感ずる歓びなら、その歓びの頂点にいるとき、すでに奪《うば》われる予感に怯《おび》え始めているのではないでしょうか。

どんなに幸せなときも、あなたは生かされていることを忘れてはなりません。
与えられ生かされてきた、その事実を想ってください。

陰《かげ》になり日向《ひなた》になり、あなたを支えてくれた人
あなたを助けてくれた人
あなたと一緒《いっしょ》に歩いてきた人
一人ひとりの顔を思い出してください。
もし、あなたの心にその一人ひとりが生きていないなら
あなたはいつの間にか
その人たちを道具にしてきたのかもしれません。

成功のために利用してきたのかもしれません。
そうだとしたら、何よりも悲しいことです。
成功と引き換えに大切なものを見失おうとしていないでしょうか。

「快」の中で
夢中《むちゅう》になっているとき
あなたの眼は見えなくなっているのではないでしょうか。
油断《ゆだん》してはいないでしょうか。
傲慢《ごうまん》になってはいないでしょうか。

ゴムも、ばねも
一番伸《の》び切った、次の瞬間に
弾力《だんりょく》を失い

プツンと切れてしまうのです。

傲《おご》り、自惚《うぬぼ》れ、侮《あなど》りを戒《いまし》めること。
本当にあるがままに真実を見続ける人は
他人《ひと》が楽観に溺《おぼ》れるとき、心を戒め
他人《ひと》が悲観ばかりするとき、希望を強く抱《いだ》いているものです。

成功や「快」に溺れず
大切なものを見きわめること。

すべて形と名とは途上《とじょう》の休息《きゅうそく》、過程の姿。
今の状態は永続的なものではありません。

＊

今、見るべきことを見落としていないか。
今、聞くべきことを拒《こば》んでいないか。
今、為《な》すべきことを忘れていないか。
わたくしは自《みずか》らに問います。
わたくしに事実を知らしめてください。

傲《おご》りと自惚《うぬぼ》れと侮《あなど》りを自らに強く戒《いまし》めます。
感謝と畏敬《いけい》の想いを忘れてしまうことを自らに強く戒めます。
正しい道を歩むことができるように
正しい選択《せんたく》ができるように
智慧《ちえ》の光と愛の光を注《そそ》いでください。

孤立するとき

「一体どういうことだ」
「今まであんなにうまくいっていたのに」
「誰《だれ》よりも頑張《がんば》って、努力してきたのに」

気がついてみたら、独《ひと》りぼっち。
周《まわ》りは反対の大合唱で四面楚歌《しめんそか》……。
誰も自分に賛成してくれず、ついてきてくれないとき。

「こんなはずじゃなかった」
「自分がいなければ何も進まなかったのに
どうしてこうなったのか、何が原因で孤立してしまったのか」

狐《きつね》につままれたようで、理由がわからないとき。
なぜこんな目に遭《あ》わなければならないのかと、あまりの理《り》不《ふ》尽《じん》さに心が爆発しそうになるとき。

あなたは、これまで皆を自分が引っ張ってきたと思っているかもしれません。
一人ひとりがどこか頼《たよ》りなく、「自分がいなければどうしようもない……」と。
だから、あなたは皆の意見など大《たい》して聴く必要も感じなかったのでしょう。
一人ひとりが何をどう受けとめ
どんなことを大切に思っているのか。
一人ひとりが何を願い
なぜ、そう願っているのか――。

あなたは責任感のあまり

自分一人がその場を支え、自分がいなければ何も進まなかったように思ってきたのかもしれません。

もちろん、それだけの努力をあなたは重ねてきたのでしょう。

でも
今あなたが感じている「孤立」は、そのことへの呼びかけなのではないでしょうか。

本当にあなた一人が責任を負《お》ってきたのでしょうか。

あなた一人がすべてを支えて進めてきたのでしょうか。

理不尽さに切れてしまう前に
少なくとも
あなたは一人ひとりの声に耳を傾《かたむ》けてみるべきではないでしょうか。
彼らの反対には何かきっと理由があるはずです。

その現実に直面した以上、そのことの「呼びかけ」を受けとめてみてほしいのです。


あなたには現実をそのように受けとめる力があるはずです。

それを信じて、事態に耳を傾けてみましょう。

そして、まっすぐに向かい合い、面子《めんつ》やプライドを横に置いて、あなたの本心によって、出会うことを心がけるのです。

＊

今、わたくしは
世界からの「ノー」（否定）に直面しています。
それは、痛く、理不尽《りふじん》に思える事態です。

でも、わたくしは
それが、世界からの「呼びかけ」であることを知っています。
今、わたくしが気づかなければならないこと
今、わたくしが変わらなければならないところ
それを知らせようとしている事態です。

より深い絆《きずな》を結ぶための
より深いいのちに達するための
脱皮《だっぴ》の機会です。

どうかそのことを
わたくしに明らかにしてください。

その真実を受けとめることができるように
わたくしを支えてください。

侮《あなど》るとき

「何の問題もない」
「まあ、こんな感じだね」
「これで十分でしょ」
「まだまだ大丈夫《だいじょうぶ》」

これまでの経験や自分の力を過信《かしん》して、やり過ごせると思うとき。

あなたは錯覚《さっかく》しています。
事態はあなたの思うように
前進してきたわけではありません。
調和に至《いた》ったわけでもありません。

前進するにはするだけの力を、多くの人が注《そそ》いだのです。
調和に至るには至るだけの心を、多くの人が捧《ささ》げたのです。

あなたは誤解しています。
事態はあなたの手中《しゅちゅう》にあって
いのちを花開かせるのではありません。
青写真が具現《ぐげん》されるのでもありません。
いのちを花開かせるための因縁《いんねん》（原因と条件）があり
青写真を具現するためのプロセス（過程）があるのです。

ましてや人が関わる現実とは
光と闇《やみ》の変転を伴《ともな》うもの。
常《つね》に紙一重《かみひとえ》のバランスで動いているものです。

あるべきものがあるべきところに納《おさ》まってゆくには
それだけ、誠実で、切実な闘いがあることを忘れないでいただきたいのです。

一つの出会い
一つの出来事
一つの事態
一つの仕事
そのいずれであろうと
そこに秘められた「いのち」を具現するには
内なる感覚を研《と》ぎ澄《す》まし
心を尽《つ》くし続ける謙虚《けんきょ》さが必要不可欠《ふかけつ》なのです。

*

わたくしの内なる侮《あなど》りを消し去ってください。
わたくしの内なる傲《おご》りを消し去ってください。
そして、その代《か》わりに
消えることのない誠実さ、真剣さを刻印《こくいん》してください。

どんな出会いも
どんな事態も
どんな仕事も
これでよいということはありません。
ですから
わたくしは自《みずか》らの限りを尽《つ》くします。

どうぞ
一つの出会い
一つの事態
一つの仕事の
担《にな》い切れない重さと
受けとめ切れない意味の深さを
いつも思い出すことができるように
わたくしを導《みちび》いてください。

後悔しても意味がないと思うとき

「終わったことを気にしていてもしょうがない」

「過去なんてどうでもいい。今、そして未来がよければそれでいいじゃないか」

「後悔しても何の役にも立たない。そんな暇《ひま》があったら次を考えれば？」

「思い出したくもない過去を振り返るなんて、暗くなって落ち込むだけだぞ」

「嫌《いや》なことは忘れて、前向きに生きることだ」

「とにかくポジティブシンキング（積極思考）でいかなくちゃ」

人生で大切なのは、過去ではなく、現在と未来。
過去を思うことは後ろ向きでしかなく
現在のこと、未来のことを積極的に考えるべき。
大切なのはポジティブに生きること。

否定的なことを考えたり、思ったりせず
立ち止まることなく、前進する方がうまくゆく。
失敗したら、早目に別の選択《せんたく》ができることが成功への鍵《かぎ》だと考える——。
どんなことでも気持ちの持ちよう、良い方向に受けとめることができる。
とにかく事態を明るく、前向きに捉《とら》えることが
次の成功を呼び込むコツと、そう思うとき。

確かに、どういう状況でも、希望を抱《いだ》いて前向きに考えることは大切なことです。

事態をただ悲観的、否定的に捉えて、その不安をどんどん膨《ふく》らませてゆくとしたら、きっと身動きが取れなくなってしまうでしょう。

何もしないうちに、どうすることもできないと投げ出しかねないからです。

過去への想いも、そこに拘泥《こうでい》するなら望ましい現実を引き出すことは困難にな

ります。変えようのない過去にこだわって、後悔の輪廻《りんね》を巡《めぐ》るだけなら、過去への想いは悪影響を与えるばかりのものになってしまいます。

どんな試練を前にしても、「最善《さいぜん》の道」が一つはあると信じて、受けとめてゆくことで、事態を大きく光転《こうてん》に運ぶ可能性が生まれてくるのです。

けれども、その「最善の道」を信じて事態に向かってゆく姿勢は、過去を見つめることが無意味だという姿勢とは違います。「後悔しても仕方《しかた》がない、嫌《いや》なことは忘れて前を見ればいい」という考えとも違います。ただポジティブに考えれば、プラスの結果を引き出すことができるというような安易なポジティブシンキングとはまったく異なるものなのです。

過去に生じた失敗からは、私たちが本当に学ぶべきことがあります。そこには「呼びかけ」が満ちていて、現在のために、来たるべき未来のために、必要な鍵が隠《かく》されているのです。

後悔することは大切なことです。なぜなら、後悔の念は、私たちがその過去の現実に、学ぶべき何かをすでに感じ取っている証《あかし》だからです。後悔は、その懐《ふところ》に新たな願いを抱いているのです。

あなたの過去は、ただ過去の中にあるのではなく、あなたの現在と、そして未来に深く結びついていることを想ってください。

＊

わたくしは今

「すべてに意味がある」という呼びかけを聴きました。

痛い想いをした過去の出来事にも
思い出したくない過去の失敗にも
それがそうなるには、そうなるだけの理由《わけ》があり、必然がありました。
その理由《わけ》と必然を見出《みいだ》し、受けとめることで
わたくしは
現在を、より深く生きることができるようになります。
未来を、より確かに生きることができるようになります。

どうか
わたくしが生きてきたすべての時と場の呼びかけを
大切に受けとめることができるように
わたくしを導《みちび》いてください。

後悔には願いが隠《かく》れ
過去には未来の光が託《たく》されていることを
切実に想うことができるように
わたくしを支えてください。

干渉《かんしょう》したくなるとき（世話を焼きたくなるとき）

「とにかく大変そう、支えが必要だと思う」
「危《あぶ》なっかしくて見ていられない」
「このままでは、かわいそう」
「やっぱり私がやってあげなくちゃ」
「こうやって、ああやってすればいいのに」
「私がいないと、この人はきっと駄目《だめ》になる……」

一見強そうに見える人の中に弱さを見つけたりすると途端《とたん》にその人のことが気になって、あれこれと世話を焼きたくなるとき。

人を助けるということは難《むずか》しいことです。

甘えと依存に生きてきた人は、いつでも誰《だれ》かの助力《じょりょく》を求めています。
けれどもその助力がその人を本当に「助ける」ことになるのかどうかはわかりませんん。相手がそれを望んでいても、それが相手のためにならないこともあるでしょう。

ましてや自分は助けているつもりでも
相手がそれを望んでいないということもあるのです。
本当の愛情なら、卵の中にいる雛《ひな》が外に生まれ出たいと殻《から》をつついたとき
同時に外から殻をつついて雛をかえす親鳥のように
その重心はいつでも雛の方に、相手の方にあることを忘れないでください。

この世界を人が生きるということは
様々な試練を甘んじて引き受けるということです。
容易に簡単に誰もが生きることができるわけではありません。

ときには、一人ではどうすることもできないような試練に直面することがあります。

そんなとき、誰かから差し伸《の》べられる助力の手が、どれほど有難《ありがた》いものなのか――。

それは本当の困難に直面した人なら切実に感じていることです。

人の助力やお世話をすることは素晴らしいことです。

困った人があるなら、手を差し伸べよう、そんな気持ちをいつも保《たも》っていたいものです。そして、それを行動に移せるなら本当に素敵《すてき》なことでしょう。

けれども、ときにその想いと行動が裏腹《うらはら》になってしまうことがあるのです。

自分の歓《よろこ》びや充実が中心になってしまうことがあります。

相手が本当はどう思っているのか

その人の人生にとって、本当はどのような助力が必要なのかを考える前に助力できる自分を確かめたくなってしまうことがあります。
相手の歓びや相手の人生の充実が見えなくなってしまうことがあります。

あなたが手を差し伸べようとしていることは、本当の「助力」でしょうか。
その人は、心から助力を望んでいるのでしょうか。
その人生は助力を必要としているのでしょうか。
それとも、あなたが勝手にそう想っているだけなのでしょうか。
もしかすると、それは「大きなお世話」なのかもしれません。
あなたの方が、駄目になってしまいそうな人を必要としていることはないでしょうか。

あなたが立ち止まったことは呼びかけです。

心からの愛情をもって、その呼びかけに耳を傾《かたむ》けてください。

*

わたくしの願いをもう一度思い出させてください。

わたくしは
よき縁《えん》としてはたらきたいのです。
愛する人のために尽《つ》くしたいのです。

試練を乗り越えられるように
本当に自律《じりつ》できるように
手を差し伸《の》べたいと思います。

その人が
人生の主導権《しゅどうけん》を確かにすることが
わたくしの歓《よろこ》びです。
その人が輝《かがや》くことを願うからこそ
本当の助力《じょりょく》ができるように
どうぞ導《みちび》いてください。

楽観・満足・安心しているとき（順調と感じるとき）

「うまくいっている」

「すべて順調」

「まずまずの出来」

「大丈夫《だいじょうぶ》、大丈夫」

「何とかなるだろう」


仕事が安定し、まずまずの状況に満足するとき。

懸案《けんあん》や心配事の一応の解決を見てホッとするとき。

心を小さくすることもなく、否定的に考えることもなく、肯定的《こうていてき》に、前向きに、意欲的に「今」と「これから」を迎《むか》えられる、そう思うとき。

私たちが生きているのは、諸行無常《しょぎょうむじょう》の世界です。

すべては移り変わっています。人の心も、出来事も流れ動いているものです。

どんな変化も起こり得ると、宇宙の法則は教えています。

現実を侮《あなど》ることなく、見つめてください。

「今」の状態が当然のことと思うのは誤りです。

いざというときの心の準備だけはいつも整《ととの》えておいてください。

そして、うまくいっていると感じるときほど、他人《ひと》の意見に耳を傾《かたむ》けることができなくなるものです。


ただ、もし可能性と制約を見とり、現実をよく見た上で、なお前向きで肯定的な気持ちが持続しているなら、そして他の声に耳を傾ける心を保《たも》っているなら、その心を忘れないでください。

その心には、あなたの心の本当の力が、きっとにじみ出ているのですから。

そしてさらに、あなたの心が抱《いだ》いている受容《じゅよう》の力はもっと大きなものであることを思っていただきたいのです。もっともっとたくましいものであることを信じていただきたいのです。

あなたの魂に湛《たた》えられているのは、良いときだけの元気ではなく、調子がいいときだけのゆとりではありません。

どんなに忙しいときでも、大変なときでも、苦しいときでも、腹立たしいときでも、厳《きび》しいときでも、嫌《いや》なときでも、出会うもの、出会うこと、出会う人のすべてを包《つつ》み、慈《いつく》しむだけの広がりと深さを持っているのがあなたの心であり、あなたの魂です。

そのことを信じてください。

すべてが調和であり

すべてが自在《じざい》であるような心。

すべてを産《う》み、育《はぐく》み、愛し、慈しむ海のような心を想ってください。

すべてを包容《ほうよう》してあらゆる出来事を一元《いちげん》へと還元《かんげん》する力。

人間の心が抱いている広大無辺《こうだいむへん》の海のような受容の力を想ってください。


うまくいっている今、大丈夫な今。

この状態が支えられていることを感じていますか。

それは誰《だれ》によって支えられているのでしょうか。

たくさんの存在、たくさんの人々のことを一つ一つ、一人ひとり、心に置くことができますか。

〈多くの……〉というような曖昧《あいまい》な言葉で表すのではなく、具体的に一つ一つ、一人ひとりを〈これ〉〈この人〉というようにかけがえなく想えるでしょうか。

そして一つ一つ、一人ひとりに向かって、心から「ありがとう」と言えるでしょうか。手を合わすことができるでしょうか。そのすべてが、あなたの心の中には生きているでしょうか。

今、あなたは、「時」を与えられているのです。

その「時」の間に何かを為《な》すことを呼びかけられているのです。

長い間につくってきた、自分のこだわりや心の曇《くも》りを解《と》き放《はな》ち、除くこともできるでしょう。

なかなかまっ白な心で見直すことのできない自分のこと、自分がつくってきた関わりのことを、今なら見直すこともできるでしょう。

ともすれば、すぐ、生かされている事実を忘れてしまう私たちに与えられた原点に還《かえ》るとき。

たたかれてますます強くなり

つまずいてますます確かになる
不壊《ふえ》の自己を一歩一歩、準備するとき。
あなたには今、その時が与えられているのです。

＊

今、生かされていると自《みず》ら実感できることを感謝します。
今、大きく広がる心、はつらつとした心で想えることを感謝します。
時を与えられていることを感謝します。

すぐ顔を出そうとする
侮《あなど》りの心や怠惰《たいだ》の心、自惚《うぬぼ》れの心、油断《ゆだん》の心を戒《いまし》めます。
わたくしを支えてくれる一人ひとりを心に慈《いつく》しみます。

一人ひとりを思い出します。
一つ一つの出来事を思い出します。
無理なく
無駄《むだ》なく
むらなく
力を尽《つ》くし
智慧《ちえ》を尽くし
心を尽くして
何ものにも、何ごとにも出会ってゆけるように
わたくしを導《みちび》いてください。
わたくしを支えてください。

甘えと依存に傾《かたむ》くとき

大声を上げて助けを求めたい。
ため息と一緒《いっしょ》に抱《かか》えているものを投げ出してしまいたい。
この苦労を人に肩代《かたが》わりしてもらいたい。
今、この気持ちを誰《だれ》かに掬《すく》いとってもらいたい。
幼い頃のように誰かに守ってもらえる、心地よい、安心な懐《ふところ》に帰りたい。

とにかく自分の窮状《きゅうじょう》を誰かに聞いてほしい。
あの人だったらわかってくれるかもしれない。
受けとめてくれそうな人に電話してみる。
私はこんなに大変。こんなに傷《きず》ついている……。
だから……助けてほしい。誰かこの問題を解決してほしい。

周囲の同情を当然のごとく求めている。

こんな姿勢が何を導《みちび》くのか、その結果を考えてみてください。

あなたは、同情を得、手助けをしてくれる人が現れれば、安心できるかもしれません。

そんな人たちを上手《じょうず》に動かすことで、それを自分の力のように錯覚《さっかく》しているかもしれません。

けれども、それは一時《いっとき》のものです。大変な事態はまたすぐに立ち現れて、あなたはまた誰かを探さなければならなくなります。そして、助けてもらったことで、相手への引け目を感じたり、気が重くなったり、自信をなくしたりするのです。

それは、今だけではないでしょう。きっと過去にも繰《く》り返されてきたことなのではないでしょうか。

甘えと依存。それがあなたを、あなた自身の人生から遠ざけてしまっています。あなたの人生の舵《かじ》を取れるのは、本当はあなただけなのに、それを他人《ひと》に任《まか》せようとしているからです。

今あなたは、親の後ろに隠《かく》れて顔を半分だけのぞかせながら、向こう側をおそるおそる眺《なが》めて見ている子どものようです。あるいはだだをこねて親を困らせ、動かして、内心得意になっているいたずらっ子のようです。

結局のところ、あなたは、自分の足で進み出て、自分で生きてゆくことをためらっているのです。

大切な人生はこのままでは開かれません。

あなたが望むこと、あなたの目ざすところを、本当によくわかっているのは、あなた自身以外にはいないからです。そのあなたが自《みずか》ら進んで開こうとしないのに、どうして可能なのでしょうか。

甘えと依存は人が成長してゆく過程に必ずもたらされる壁《かべ》です。

無力で未熟な赤子《あかご》として人生を始める誰もが、それを背負わなければなりません。

あなたを守ってきた壁であり、やがて自分で乗り越えてゆかなければならないものです。

一人ひとりが向かい合い、乗り越えてゆく時を必ず迎えなければならないものです。

あのとき〝両親〟〝家族〟はあなたの出発点でした。

あなたを大切にしてくれる友人たち、彼らもやはりあなたの出発点です。

あなたは、そこからあなた自身の人生を始めてみるべきでしょう。

身体《からだ》が自分の足で立って歩くことをおぼえたように、心も一人で自分の力で歩くことをおぼえる時が来ているのではないでしょうか。

ですから、これが初めての挑戦です。

まだ慣れていなくて、うまく歩けません。転《ころ》びもするでしょう。

痛い。辛《つら》い。無理もありません。

そしてやっぱり親を探し、助け起こしてくれる人を求めてしまうかもしれません。

でも、それは幼かったあなたの心であり、ダダをこねていたあなたの姿なのです。

今からこの想いと、この心とを育《はぐく》んでゆくのは、あなたです。

今度は、あなたがあなた自身の心を育む親なのです。

自分の甘えの姿に気がついたとき、今度は、あなたが親になるときです。

甘えと依存の心は誰のうちにもあります。
だから、隠そうとしたり、正当化しようとせずに
その心を少しずつ励《はげ》まし、育んで、大人の魂へと成長してゆくことなのです。

*

わたくしに
自律《じりつ》の日々を導《みちび》いてください。
自力《じりき》の勇気を与えてください。

わたくしの内なる
甘えと依存の心に流されず
魂としての親になりかわる

勇気と力とを与えてください。

わたくしが常《つね》に
支えられ
見守られ
育《はぐく》まれ
助けられ
励《はげ》まされてきたように
自《みずか》らを、そして他の人々を
支え
見守り
育み
助け

励ますことができるように
まごころの力を
わたくしの中にあらわしてください。

他人《ひと》に合わせたくなるとき

「何となく不安」
「独《ひと》りじゃ嫌《いや》」
「置いてゆかれたくない……」
「他の人はどうしているんだろう」
「みんなと一緒《いっしょ》なら安心」

これという理由もないのに
付和雷同《ふわらいどう》を疑問もなく続けてしまう。
違う意見を持っていても
それを口に出すのは、はばかられる。
強い意見の人に合わせていれば安全と思ってしまうとき。

確かに人は誰《だれ》も一人で生きてゆくことはできません。
生きるというだけで多くの人たちの助けを得ているのが私たちです。
その中では「融和《ゆうわ》」は大切なことです。
個性の違う人たちと一緒に協力したり、饗働《きょうどう》したりすることは、必要不可欠《ふかけつ》です。
その中では自分の意見より、皆の意見を優先すべきこともあるでしょう。
でも、それは自分の本心を殺して誰かに合わせるということではありません。
自分の意見や考えは自分のものとして示しながら
全体のために、それを超えて、協力するということです。

他人《ひと》に合わせてばかりいると
あなたは、いつも誰かのことを気にして

自分の心の声を見失ってしまうのではないでしょうか。
自分の中に本心があることを忘れてしまうのではないでしょうか。
もしそうだとしたら、それほど悲しいことはありません。

あなたの本当の気持ち
あなたの本当の願い
それを思い出してください。
それを見つめてください。

＊

揺《ゆ》れ動き
移り変わる想いの奥に

わたくしの本当の声が響《ひび》いています。
どうぞ、その声をわたくしにそのまま聞かせてください。
その声をわたくしが確かに受けとめることができますように。

わたくしがわたくしの本心を見出《みいだ》し
その本心に従って生きることができるように
どうか
わたくしを支えてください。
わたくしを導《みちび》いてください。

怠惰《たいだ》に流されるとき

「何となく億劫《おっくう》だ」

「まあまあ適当でいいよ」

「一生懸命《けんめい》やるのが馬鹿《ばか》馬鹿しくて……」

「もうちょっと後でやろう」と引き延《の》ばしたあげく
気がついてみたら、今日もほとんど手つかず。

「まあ、いいか、明日から頑張《がんば》れば……」

でも明日になれば、またその繰《く》り返し。

仕事にも
家事にも
勉強にも

あまり身が入らない。

こんな自分は本当の自分とは違うのだと言いつつも他人《ひと》の眼《め》が見当らなければ、また怠惰の流れに身を任《まか》せてしまうとき。

締切《しめき》りが迫《せま》らなければ動き出さない、習慣の惰性《だせい》の強さ。

危険や問題が明らかに見えるまでは、困難や障害さえも侮《あなど》っているのです。

楽に溺《おぼ》れた魂の光は弱く、困難に弱く、誘惑《ゆうわく》にも弱いものです。

一歩一歩の歩みを嫌《きら》う怠惰は、無欲とは別のものです。むしろ成果への執着《しゅうちゃく》でしょう。

そこには、わずかな時間と努力で成果を手にしようとする投機心《とうきしん》が潜《ひそ》んでいるからです。

あなたは自分自身に問うことをずっと
避《さ》けてきたのではないでしょうか。
何のために生きているのか。
何を大切にしたいのか。

そんなことはわかっている、と決めつけて
自分をごまかしてきたのではないでしょうか。
流されてきたのではないでしょうか。

自分にとって一番心が充実したときのことを思い出してください。
一番幸せに感じたときのことをありありと蘇《よみがえ》らせてください。
もし、それでも大切なものがわからないなら、見えてこないなら
一瞬一瞬

がむしゃらに生きてみるのです。心を尽《つ》くして生きてみるのです。
そうすれば身体《からだ》が教えてくれるものがあります。
人生にはそういう一時期があってもよいのではないでしょうか。

怠惰に過ごしたことを後悔するよりは
自分の願いを見出《みいだ》すことのできないことを恐れるべきです。
失敗を恐れるよりは
逡巡《しゅんじゅん》を恐れることです。

怠惰に傾《かたむ》くのは、楽を求める人生の避けることのできない原則。
けれども、自分の願いを発見すれば怠惰は自《おの》ずから逃げてゆきます。
魂の底から
一心《いっしん》に求めるものを見出すなら

怠惰は恐れるには足りないものです。
だから、怠惰は、真《しん》に求めるものに目ざめていない魂のしるしなのです。

*

怠惰《たいだ》への引力を
わたくしの中から消してください。
怠惰に立ち向かう力を
わたくしの中にあらわしてください。
わたくしの眼《め》を開いてください。
わたくしは
一瞬一瞬を

一つ一つの出会いを
まごころを尽《つ》くして生きたいのです。
本当に
いのちを捧《ささ》げるものを見出《みいだ》したいのです。
どうぞ
わたくしの魂の願いを
あきらかにしてください。

面倒《めんどう》・億劫《おっくう》に感じるとき

「ちょっと気が重い」
「何か大変そう」
「明日やれば大丈夫《だいじょうぶ》」
「何も、今すぐやらなくてもいいんじゃない？」

それほど「大変なこと」というわけではないのに、つい後回《あとまわ》しにしたくなるとき。

やらなければならないことはわかっているから、やらないということではないのだけれど、もうちょっと後でも大丈夫そうと思うとき。

あなたは、いつもそうして、大事なことを後回しにしてきたのではないでしょうか。

人生を何十年か経験してきた人なら、わかっていることがあります。

時の流れの不思議さ——。

ゆったりと流れる時ほどいつでも取り戻《もど》せるように見えて、それは叶《かな》わないこと。そして、その時その時が実は大切に託《たく》されたものを抱《いだ》いているということ——。

人生とはそのような「時の神理《しんり》」に貫《つらぬ》かれているものです。

後回しを続けるなら、その時に託された何かは、決して姿をあらわさなくなってしまいます。

「今」は一回生起《いっかいせいき》の「今」。

そこに託されたものは、取り戻すことのできない「いのち」。

そこに呼びかけられたものは、かけがえのない「使命」——。

もう一度、「今」の大切さを想ってください。

*

二度と戻《もど》り来ることのない「今」とわたくしは出会っています。
かけがえのない「今」をわたくしは生きています。
その事実の尊《とうと》さを思い出させてください。
その真実の重さを蘇《よみがえ》らせてください。

この「今」を生きる力を
わたくしに与えてください。

何をしたらいいかわからないとき

「これじゃ駄目《だめ》だと思う」
「このままではいけないと思っている」
「でもどうしたらいいのか、皆目《かいもく》、わからない」

何か意味あることをしなければと思っていても
それを見つけることができず
一日一日が過ぎ去っていってしまうとき。

あなたが今
新しい生き方を求めようとしていること
自分を変えようと願っていること

そのことを大切にしましょう。

あなたはどんなとき、悲しくなりますか。
あなたはどんなとき、うれしいと感じますか。
あなたの本当の悲しみと歓《よろこ》びがあなたの「したいこと」の手がかりです。

人は誰《だれ》も
「生まれてきた理由《わけ》」を抱《いだ》いています。
あなたは永遠の生命《せいめい》を生きる魂の存在です。
今はまだ
見えなくても
確かには思えなくても
あなたの魂は遙《はる》かな願いを抱いて

この地上に生まれてきたのです。

ですから
「何をしたらいいのか」
その答えは他人《ひと》ではなく
あなた自身の中にあります。

あなたの中に
その魂の願いが息《いき》づいていることを信じてください。
そして
一つ一つの出会い
一つ一つの時と場に心を尽《つ》くすとき
必ずその願いはあらわれてくることを忘れないでください。

*

わたくしは
世界の呼びかけを聴きます。
魂の声に耳を傾《かたむ》けます。

今、本当に大切にすべきことに
わたくしを導《みちび》いてください。
心を傾けるべきことに
わたくしを向かわせてください。

どのような障害も

どのような試練も乗り越えて
わたくしの魂が本当の歓《よろこ》びに向かって歩めますように。
わたくしにそのための智慧《ちえ》と力を与えてください。

切実感が持てないとき

いつもどこかに余裕《よゆう》があって
本気になれない。
猶予《ゆうよ》などないはずなのに
必死になれない。
「まあ何とかなるだろうし、ならなかったらそのときのこと」と
他人事《ひとごと》のように現実を眺《なが》めているとき。
自分のことなのに
現実を遠くにしか感じられないとき。

あなたは
自分と現実との間に膜《まく》が一枚挟《はさ》まっているように

感じているのではないでしょうか。

切実になれないとあなたが感じているのは
きっとあなたが恵《めぐ》まれて生きてきたからでしょう。
生きるのに必死にならなければならず
自分を保《たも》つのに大きな困難を抱《かか》えていたとしたら
そんな悩みは生まれなかったに違いありません。

あなたは必死にならなくても
本気にならなくても
自然に守られ
生きるための糧《かて》を与えられていたのです。
誰《だれ》かがあなたの代わりに

必死になって闘《たたか》い守り
本気になって歩み進んで
成長するための愛を注《そそ》いでくれていたのです。
その事実を
あなたは心に刻《きざ》まなければなりません。

そして考えてください。
あなたが切実になれないのは
どうしても果《は》たしたい願いをまだ見出《みいだ》していないからではないでしょうか。
どうしても応《こた》えずにはいられない人生のテーマを摑《つか》んでいないからではないでしょうか。

あなたの本心の願い。

魂に刻まれたテーマ。
それらとともに、あなたの切実感はきっと現実のものとなるはずです。

*

切実になれないことよりも
本当の願いを見出《みいだ》せないことを
わたくしは自《みずか》らの痛みとします。

どうぞ
わたくしに光と力を与えてください。

わたくしは、何のために生まれ

何のために、今生きているのでしょう。
わたくしは、何に応《こた》えるために
今この時と場に身を置いているのでしょうか。

どうか
そのことを明らかにしてください。

倦怠感《けんたいかん》に襲《おそ》われるとき

「どうでもいいことばかり」
「何をする気も起こらない」
「どうせ、大《たい》した意味はない」
「あれもこれもかったるくて……」

何に対しても面倒《めんどう》で
意味があるとは思えず
そして言葉で思っている以上に
大きな暗い力が心の底から湧《わ》き上がり、自分を捉《とら》えて離《はな》さないとき。

長い人生には山谷《やまたに》がつきものです。

失望や落胆《らくたん》のために
意欲が失《う》せて
あるいは生きること自体に疲《つか》れて
何をする気もなくなるときがあるかもしれません。
そんなとき、立ち止まることは決して悪いことではありません。
しばらく身体《からだ》を休め、休養するのもよいでしょう。
そして、ゆったりとした時間の中で
これまでの人生を振り返ってみてください。

あなたが大切にしてきた願い――。
あなたが描き続けてきた未来への想い。
あなたの家族、そして友人、知人の方々。
あなたがあなたであるために支えてくれた人々。

そしてあなたがその中で生きてきた社会のしくみを
懸命《けんめい》に支えてきた名もなき人々のこと……。
その一つ一つを思い出しながら
これまであなたが注《そそ》いできた想いを蘇《よみがえ》らせてください。
あなたに注がれてきた想いを想像してみてください。

けれどもそれでも
面倒な気持ち
自分自身や自分の人生に対して
否定する気持ちばかりが強く現れてきたら
それを自分の中だけに閉じ込めておかないことです。
今の気持ちを、心を許せる誰《だれ》かに打ち明けてみましょう。

夫でも妻でも、家族でも、友人でも、先輩《せんぱい》でも……。

自分の人生であっても
自分ではどうにもならないときがあります。
そのときは助けを求めることが大切です。

*

わたくしは今
暗い力がわたくしを覆《おお》い尽《つ》くそうとするのを感じます。
世界にあるもの一切《いっさい》が無意味の淵《ふち》に沈《しず》み込もうとするのを感じています。

しかし

わたくしは知っています。
わたくしは思い出します。
自《みずか》らが多くの存在と結びついて、はじめて立ち現れたことを。
たくさんの人々に支えられて、はじめて呼吸していることを。

わたくしがわたくしであるために
必要だった多くの生命《いのち》に
応《こた》えることができるように
わたくしを支えてください。

そして、今度はわたくしが
他を支えることができるように
導《みちび》いてください。

嘘《うそ》の誘惑《ゆうわく》に対して

何気《なにげ》なくついてしまう嘘。

責《せ》められるのが嫌《いや》で
ばかにされるのが嫌で
除《の》け者になるのが嫌で
愛想《あいそ》を尽《つ》かされるのが嫌で
誉《ほ》められたい一心で
認められたい一心で
立場を守りたい一心で
つい、言ってしまう嘘。
ないものをあるがごとく、やったことをやらなかったごとく吹聴《ふいちょう》したり、隠《かく》したりする。
恐怖心からの嘘
虚栄心《きょえいしん》からの嘘
投機心《とうきしん》からの嘘。
嘘は、何気ないものであっても、最も恐ろしい誘惑の一つでしょう。

嘘は一つでは終わりません。
嘘を隠すための嘘
嘘を正当化するための嘘をつくことに必ずなるからです。
そして、やがて何が本当の自分なのかわからなくなってしまう。
それほど寂《さび》しいことがあるでしょうか。

嘘をついても見抜《みぬ》かれなかったと

ほくそえんでいる人がいるなら
それは大変な錯覚《さっかく》というものです。
なぜなら
嘘をつくたびに
心は傷《きず》つき
魂はカルマを深くしているからです。
やがて
嘘をつくことにも慣れ
恐れもなく痛みもなく
嘘と同化《どうか》してしまうのです。

人は誰《だれ》でも
自分に嘘をつけない心を持っています。

良心——。
あるがままの事実を温《あたた》かく見守る心
あらゆるものを大切にする心
あらゆる存在の前に謙虚《けんきょ》に自分を置く心
嘘はこの良心のはたらきを奪《うば》い、眠らせてしまいます。
嘘は良心の窓を塗《ぬ》り込めてしまうのです。
愛の光
いのちの光
そして
生かされている事実を見失わせてしまうのです。

＊

強くあれ
嘘《うそ》の誘惑《ゆうわく》に克《か》てますように。
強くあれ
正直になれますように。

はだかのままのわたくしを
さらけ出す勇気をあらわしてください。

わたくしは知っています。
どんなに飾《かざ》り立てられたものであったとしても
虚飾《きょしょく》の自分は、ぬけがらです。
存在の根《ね》がありません。
虚栄《きょえい》の砂漠《さばく》をさまよう迷子《まいご》です。

わたくしは
大地に根を張りたいのです。
大地の如《ごと》く生きたいのです。
大地に営《いとな》みたいのです。

恐怖心を捨て
虚栄心を捨て
投機心《とうきしん》を捨てて
人生の道を歩ませてください。

焦《あせ》りに対して

「間に合わない」

「どうしよう、遅れたら……」

「急がないと急がないと」と、気がはやるとき。

全部が手遅れになってしまう。
普段《ふだん》以上に
冷静に的確に
ならなければならないのに
進まない
巧《うま》くいかない
ミスが多い。

頭の中で様々な想念が堂々巡《めぐ》りを始め、わからなくなってしまうとき
焦りは焦りを呼び、心は上擦《うわず》り、浮き足立っているのではないでしょうか。

まずどこにでもよいから、腰を落ちつけて心に語りかけることです。

あわてずに、無心《むしん》に
今、この時に集中してください。
一切《いっさい》を忘れるように集中してください。
草に呼吸を合わせ
石に呼吸を合わせ
大地に呼吸を合わせてください。
一つ一つ、ゆっくりと合わせてください。
そうすれば

無尽不滅《むじんふめつ》の
いのちの力が流れ入って
あなたを支え
あなたを助けていることがはっきりします。

「先」を見ず「今」に賭《か》けるのです。
人生に手遅れはありません。
人生に無意味はありません。

一瞬一瞬に全力を尽《つ》くす以上の最善《さいぜん》はないのです。
一瞬一瞬にまことを尽くす以上の智慧《ちえ》はないのです。

力を尽くし

智慧を尽くし
心を尽くし続けるなら
必ず、道は開かれる。

*

わたくしは「今」に集中します。
どうか
全身をひらいて
「今」を見
「今」を想い
「今」に尽《っ》くす
集中力を与えてください。

目的に向かって
ひたすらに簡素《かんそ》になる
わたくしをあらわしてください。

場の緊張をゆるめたくなるとき

窮屈《きゅうくつ》なのは嫌《きら》い。
真面目《まじめ》過ぎるのはちょっと苦手《にがて》。
黙《だま》って話を聞いているなんて。
この緊張感が続くのがしんどくて……。
みんなに少し肩の力でも抜いてもらいたい。

沈黙《ちんもく》が続くと
冗談《じょうだん》を言いたくなり
真剣な場面になると
決まって緊張をゆるめたくなるとき。

ユーモアやウイットや冗談が
こわばった気持ちを和《なご》ませ
心を開くきっかけになって
思いもかけない自由な空気を導《みちび》くことがあります。
軽やかな話題が潤滑油《じゅんかつゆ》となって
そこから活発な意見や関わりが生まれることがあります。
それらには新しい秩序《ちつじょ》と創造への機転《きてん》が内包《ないほう》されているのです。

けれども、その場の沈黙は
何かが生まれようとしているときなのかもしれません。
その場の緊張は
これまで迫《せま》れなかった本心を探そうとしているものなのかもしれません。
それまで語り合われたことのない率直《そっちょく》な想いが交《か》わされ

願いが響《ひび》き合う響働《きょうどう》が始まり
あるいは、かつて口にすることができなかった感謝やお詫《わ》びによって
再結《さいけつ》（絆《きずな》の結び直し）が起ころうとしているときかもしれません。
もしそうなら、冗談は場を壊《こわ》してしまうことにもなります。
軽い話題では、そのいのちを受けとめ切れないでしょう。
その場で見出《みいだ》されるべき本心が見失われてしまうことにもなります。
場の緊張をゆるめることが目的になってしまい
その場が次なる次元に運ばれることを阻《はば》んでしまうのです。
あなたは良かれと思っていても
結局その場に関わる人たちの想いを否定することにつながってしまうのです。

今、この場から何が生まれようとしているのか
あなたの心に尋《たず》ねてください。

その場に託《たく》されたものを大切にしてください。
そして本当の自由の風に自《みずか》らを委《ゆだ》ねてください。

＊

わたくしが
最終的に大切にしたいのは
一人ひとり、そしてこの場全体です。
この場に託《たく》されたものを
生み出すことができるまで
見守らせてください。
誰《だれ》も傷《きず》つけることなく

何も貶《おとし》めることなく
新たな創造と調和のために
はたらきたいのです。

わたくしが
そのための強さと忍耐力《にんたいりょく》を抱《いだ》けますように。
そのための自由の風を導《みちび》けますように。

わたくしと、わたくしが心を傾《かたむ》ける場に
助力《じょりょく》を与えてください。
光を与えてください。

機会《とき》に祈る

祈りによって
ひとりの声が天の声となる

機会《とき》に祈る

いかなる人生をも貫《つらぬ》いて変わらない法則があります。それは、誰《だれ》であっても、その人生はかけがえなく輝《かがや》くべきものであるということです。そしてその人生には、その人にしか引き受けることのできないはたらきがあり、責任があるというものです。

宇宙に満ちている無尽《むじん》のいのち。その中で自分だけに流れ込むいのちの流れ——自業《じごう》があります。一つの出来事も一つの出会いも、自業として私たちの許《もと》を訪れ、私たちが応《こた》えることを待っているものです。

そしてそれは、私たちの人生に起こる出来事、降《ふ》りかかる事件、それがいかなるものであろうと無意味なものは何一つなく、すべての時と場にかけがえのない意味があることを示しています。いかなる場であろうと、いかなる機会《とき》であろうとも、そこに託《たく》された大切な目的があり、私たちが応えるべき意味がある——。

そこには、いきさつや常識を超えた意味が呼びかけられているのです。

私たちが、人生を本当に深まりゆくものとして開花できるかどうか、私たちの世界を真《しん》に輝かせることができるかどうか、それは一瞬一瞬のその呼びかけに応えることができるかどうかにかかっています。

それはあらかじめ、知ることのできないものです。その時その場にしかわからない呼びかけ。その時その場にしか降《お》りてくることのない光。その時その場にしか見出《みいだ》せない意味――。

それを聴きとるために、それを見出すために、そしてそのいのちと響《ひび》き合う一人ひとりとなるために、私たちは機会《とき》に祈ります。

年初の祈り

巡《めぐ》りゆく時の流れには
すでに永遠のすがた
生死《しょうじ》の輪廻《りんね》が秘《ひ》められています。

春夏秋冬、そのひと巡りのうちにも
様々な生命《せいめい》が
一生のごとき営《いとな》みを繰《く》り広げます。

人々もまた
そのリズムに従うように
抱負《ほうふ》を持って

その成就《じょうじゅ》に精《せい》を出し
そして結実《けつじつ》の時を迎えるのです。

一年が締《し》めくくられ
新たなひと巡りが始まる今
ここには
再生の光が満ちていることを想ってください。

再生とは、過去との断絶《だんぜつ》ではありません。
過ぎ去った一年の経験
一年の歓《よろこ》びと悲しみを伴《ともな》って
そのすべてを花開かせ実《み》を結ばせるために、新しく生まれることです。
昨年一年の様々な経験を心に呼び出してください。

あなたが噛《か》みしめた様々な想いを蘇《よみがえ》らせてください。
嫌《いや》なものを切り捨てず
苦手《にがて》なものを避《さ》けることなく
そのすべてを伴って開花する本当のあなた自身を信じてください。

今あなたは
本当のあなたになりゆこうとしています。
新しい次元を開く一歩を踏《ふ》み出す時なのです。

*

この新しく巡《めぐ》り来た一年が
真《まこと》に意義ある時となりますように

忘れることのできない歩みを刻《きざ》むことができますように。

この一年に孕《はら》まれる
すべての出会いと出来事が
すべての歓《よろこ》びと悲しみが
その意味を成就《じょうじゅ》できるように

一回生起《いっかいせいき》の時の流れの中で
真《まこと》の仕事を見出《みいだ》し
本当の必要に応《こた》えることができるように
わたくし（たち）を導《みちび》いてください。

年末の祈り

巡《めぐ》りゆく時の流れに大きな節目《ふしめ》が訪れようとしています。
一年の時の締《し》めくくり――。
自然の営《いとな》みが、春夏秋冬を一生のごとき一巡りとするように
人の営みもまた、一年の輪廻《りんね》にその一巡《いちじゅん》を託《たく》しています。

あなたも今年一年
新たな抱負《ほうふ》を抱《いだ》いて歩み出し
その成就《じょうじゅ》に精《せい》を出した日々を重ねてきました。
様々な試練、苦境《くきょう》、危機……。
多くの機会、転換、成功……。
いくつもの山谷《やまたに》を経験してきたことでしょう。

そして締めくくりの時を迎《むか》える今、あなたの心には
どのような想いが去来《きょらい》しているでしょうか。

新たな出会い、結ばれた絆《きずな》、通《かよ》い合う信頼、願いの成就。
そこにはいくつもの歓《よろこ》びがもたらされたことでしょう。
そして同時にそこには、すれ違う想い、願いの挫折《ざせつ》、失望と落胆《らくたん》……
いくつもの心残りが生じているかもしれません。
いつでも具体的な現実は
光と影を伴《ともな》って立ち現れるものだからです。
そのすべての瞬間には
私たちの願いと後悔が刻《きざ》まれているのです。

ならばこそ

今年一年に刻印《こくいん》した
一切《いっさい》の光と闇《やみ》を伴って
一切の慚愧《ざんき》と歓喜を抱いて
この時に向かい合ってください。

*

時の流れが締《し》めくくりのときを迎えようとする今
わたくし（たち）は
今年一年という時に刻《きざ》まれた
一切《いっさい》の記憶と
その後悔と慚愧《ざんき》を「今・ここ」に集めて
浄化《じょうか》の時とします。

この一年に生まれてしまった
痛みと混乱の現実、停滞《ていたい》と破壊の現実を
忘れることのない後悔と慚愧として刻ませてください。

どうぞ、この後悔と慚愧に
光が注《そそ》がれますように。
そしてそれを、新たな志《こころざし》と願いに変えて生きる
勇気と智慧《ちえ》が授《さず》けられますように。
その後悔と慚愧が変わることのない願いへと結晶化《けっしょうか》し
新生の時が導《みちび》かれますように。

わたくし（たち）の歩みを支えてください。

今日の祈り

今日一日の重さと深さ。

あなたの〝時〟はあなたの生命《いのち》を削《けず》り取って流れています。あなたの生命《いのち》を糧《かて》に流れています。

今日一日の大切さ、かけがえのなさ。

このことばはあなたの中に、どれほど新鮮に響《ひび》くでしょうか。どれほど切実に響くでしょうか。

人は皆、似たような想いを抱《いだ》いています。漠然《ばくぜん》とですが、根《ね》は深いものです。

「明日《あす》はまた来る、必ず陽《ひ》はまた昇《のぼ》る」

「寝ていても起きていても、何かをしても何もしなくても
どうしていたって、明日はいつもと同じようにやってくる」

そういう想いがあなたの心を占《し》めているのではないでしょうか。

しかし
水が高きから低きに流れるように
時は流れてゆきます。

一度流れ去った水が元には戻《もど》らないように
今流れつつある時は一度きりのものです。
一瞬一瞬が一回生起《いっかいせいき》の出会いなのです。
流れゆくものを押しとどめることはできません。
流れ失われてゆくものは取り戻せないのです。

ならば、その一度きりの時と場はかけがえのないもの。
一回生起、唯一無二《ゆいいつむに》の〝今日〟を大切に、大切に味わい尽《つ》くしてください。

一日のはじめに

新しい一日が巡《めぐ》ってきました。
新しい時に、新しい生命《いのち》が咲き出《で》ます。
今日目ざめたとき
あなたはどんな光に包《つつ》まれていましたか。

今日一日は昨日《きのう》があったから訪れました。
存在の大河の脈々《みゃくみゃく》たる流れ
魂の系譜《けいふ》による累々《るいるい》たる日々
その果《は》てしない伝承《でんしょう》の果てに
今日一日が訪れました。
しかし、また同時に

この瞬間、今、今日という時と場は
虚空《こくう》から
まったく新しいものとして立ち現れています。
何一つ昨日と同じものはなく
一時《いっとき》としてとどまるものはないのです。

あなたが眼《め》にするもの、触《ふ》れるもの、出会う人々、関わるものごと、共に生きる存在——。
そのすべての隅々《すみずみ》に
新しい光が届いていることを想ってください。

あなたに今、心配事や問題があるなら
心は重く沈《しず》み、緊張し続けているかもしれません。

もしそうなら
ここでもう一度
その問題や困難、そこに関わるすべての人々に
新しい光が射《さ》し込んだことを想ってください。
今日、今、また一から始まるのです。

あなたの心の基調《きちょう》が「満足」であるなら
心は軽く晴れやかでしょう。
でも、すべては流れ動き、移り変わっています。
心してください。
何ごとが起こっても
ひるまず怯《おび》えず
その困難に対して向かい合ってください。

そして、「すべてを乗り越えつつあるのだ」と強く念じるのです。

かつてローマの時代に生きた一人の魂のことばに従って。

「今すぐにも人生を去ってゆく者のごとく、あらゆることを行い、話し、考えなさい」

*

今日のいのちは今日のもの。
明日を思いわずらうことなく
昨日《きのう》までの過去にこだわらず
一瞬一瞬が
未完《みかん》の人生の頂《いただき》となるように

想い考え
語り
行為します。
わたくしは生かされています。
今日一日を
いのちの光のうちに
慈《いつく》しみと愛の光のうちに
生きることができますように。

一日を
みずみずしい心で過ごせるように
清さと
強さと

簡素《かんそ》さと
慈愛《じあい》を
わたくしの中にあらわしてください。

今日というこの一日に
呼びかけられていることは何でしょうか。
為《な》すべき仕事を為し
出会うべき人に出会い
赴《おもむ》くべきところに赴くことができるように
わたくしをお導《みちび》きください。

一日の終わりに

今日一日が終わろうとしています。
深く蒼《あお》い闇《やみ》のなかに、すべてはもう一つになっています。
この日は、あなたにとってどんな一日だったでしょうか。
静かに
今日の一日
出会った人々、起こった出来事、そのときの心の動きを
時を遡《さかのぼ》りつつ、思い出してみましょう。

あなたにとって今日一日は、平凡な一日だったかもしれません。
また、よろこびに満ちた良き一日だったかもしれません。
逆に、苦痛と不安に満ちた嫌《いや》な一日だったかもしれません。

明日を生きてゆくあなたにとって必要な手がかりは
必ず、この一日の中にあります。

今日の出会いを
見つめ、振り返ってください。
最もあなたを動かした想いに対し
見つめ、振り返り、祈りましょう。
(もし、本書の中に該当《がいとう》するものがあったら、その祈りを行ってください)

*

わたくしは、今日も一日生かされました。

愛と慈《いつく》しみの光の中で生きることができたことを心から感謝します。
明日もまた新しく
変わらぬ光に浴《よく》し
人々にその光を伝えることができますように。

すべてを生かし支え給《たま》う神よ
どんなことがあっても
あなたにすべてを委《ゆだ》ね
あなたへの道を
まごころをもって歩むことができるように
わたくしを力づけ、励《はげ》ましてください。
人生とわたくしの祈りがいつも一つになるように
わたくしを見守っていてください。

食事のとき

人は人生の中で、数え切れないほどの食事の時を持ちます。
生きるためには食を摂《と》らなければならず
そうすることで、私たちは肉体生命《せいめい》を存《なが》らえることができます。

当たり前のように繰《く》り返し摂る食は
生命を保《たも》つためになくてはならない糧《かて》にほかなりません。
その糧を受けることができるのは
あなた（あなたのご両親や伴侶《はんりょ》）が働いただけでなく
多くの人たちの時間と力が注《そそ》がれてきたからです。
その見えない助力《じょりょく》を想ってください。

そして、それと同時に
食事とは、同じ地上に生きる多くの生命たちが
そのいのちを捧《ささ》げてくれる
聖《せい》なる供養《くよう》の営《いとな》みであることを想ってください。

そのささやかな聖なる時と場に
感謝と祈りを捧げましょう。

*

この糧《かて》を与えられたことに感謝します。
この糧がもたらされるために注《そそ》がれた
多くの人々のはたらきに感謝します。

そして、これらの糧を自《みずか》ら供養《くよう》してくれた
多くの生命《せいめい》に感謝します。

そのすべてが
わたくしの新たな血肉《けつにく》として生かされますように。
その尊《とうと》い「いのち」が
わたくしの内なる新たな「いのち」となりますように。

始業・終業の祈り

どのような大志《たいし》も大願《たいがん》も
その実現は必ず一日一日の積み重ねによって成《な》し遂《と》げられます。
一日の歩みはわずかでも、その歩みが積み重ねられ、結びつき、融合《ゆうごう》して
大いなる現実を生み出すのです。

今日一日の仕事にも学業にも
大切ないのちは託《たく》されています。
そのいのちを見失うことなく
青写真（願い・ヴィジョン）を求めてください。

そして、あなたは独《ひと》りで仕事に向かうのではないことを思い出してください。

関わる多くの人と共に
力を合わせ、心を合わせて取り組むことができるとき
その力は何倍にもなって青写真の具現《ぐげん》に結実するのです。

自《みずか》らの力を尽《つ》くして
「やるだけやって、後は託身《たくしん》」を合い言葉に
今日一日に与えられる「時と場」の使命に向かい合ってください。

*

始業のとき

新たな想いをもって

新たな一日の一歩を踏《ふ》み出します。

今日に託《たく》された青写真は何でしょうか。
今日の時と場に託された呼びかけは何でしょうか。

その一つ一つを大切に受けとめることを念じてゆきます。

一回生起《いっかいせいき》の今日に与えられる時と場に
心を尽《つ》くすことができますように。
関わる人たちと心を合わせて響働《きょうどう》し
今日一日の青写真を具現《ぐげん》できますように。
持てる力のすべてを尽くすことができるように

わたくし（たち）を支えてください。

*

終業のとき

今日一日に注《そそ》がれた光と助力《じょりょく》に感謝します。

今日の時と場に託《たく》された呼びかけを
わたくし（たち）は受けとめることができたでしょうか。
今日に託された青写真に
わたくし（たち）は迫《せま》ることができたでしょうか。

一回生起《いっかいせいき》の時と場に刻印《こくいん》した想いを
明日につなぐことができますように。
その願いと後悔によって
さらに深く心を尽《つ》くすことができますように。
わたくし（たち）を導《みちび》いてください。

就寝《しゅうしん》のとき

一日の中にあった
様々な出会いと出来事
様々な人たちとの関わり
歓《よろこ》びと悲しみ
試練と挑戦
失敗と成就《じょうじゅ》
その一つ一つが、かけがえのない人生の一部です。

実現できた想いも
実現できなかった想いも
受けとめられた呼びかけも

受けとめられなかった呼びかけも
そのすべてが
この沈黙《ちんもく》の夜に
何一つ無駄《むだ》にされることなく
あなたの魂に沁《し》み入《い》ってゆきます。
明日を生きる準備となり糧《かて》となるのです。
今日新たに刻《きざ》まれた後悔と願いを想ってください。

*

今日一日、様々な出会い、出来事とともに
無事に一日を終えることができました。

わたくしをお見守りいただき、ありがとうございました。

明日のために
十分な英気《えいき》を養《やしな》い、体力を回復できるように
心を癒《いや》し身体《からだ》を癒すことができるように
わたくしに安らかな眠りを与えてください。

この眠りの中で
わたくしの魂が
神の光に浴《よく》すことができますように。
そして、もともとの願いをますます蘇《よみがえ》らせることができますように。

新たな時と場の始まりに

会議のとき、話し合いのとき、出会いのとき
心を一つにして時と場に向かうとき
その時と場は一人ひとりの力量《りきりょう》を遙《はる》かに超えた光に
満たされるのです。

私たちは常《つね》に
道なき地点に立っている一人ひとりです。
おきまりの仕事でも
繰《く》り返してきた出会いでも
私たちが出会うところ
私たちが関わり合うところ

すべて新しい呼びかけが響《ひび》いています。
互いの軋轢《あつれき》も厳《きび》しい状況も
私たちが抱《かか》える様々な障害は
まさにそのしるしです。
不足があるから全体を見直し
葛藤《かっとう》があるから、より深い絆《きずな》を求める。
未《いま》だ実現されていない
新しい心境、より高い次元が呼び出されるのです。

創造のために
そして
再生のために
一回生起《いっかいせいき》のこの時と場のいのちを想ってください。

＊

この時と場が
互いの祈りによって
光で溢《あふ》れますように。
愛と智慧《ちえ》で満たされますように。

わたくしたちに今、呼びかけられていることは何でしょうか。
わたくしたちが今、促《うなが》されていることは何でしょうか。

出会いの場、関わりの場に
伴《ともな》う痛みは

そのしるしです。

どんなときも
この場が進むべき道を
一人ひとりが
見失うことがありませんように。
この出会いが大切にすべきものに
一人ひとりが
本当に心を傾《かたむ》けることができるように
どうぞ
わたくしたちを導《みちび》いてください。
助力《じょりょく》を与えてください。

青写真を求めるための祈り（願い・ヴィジョンを描くために）

一つのテーマに向かって
見えない青写真に向かって
問題の解決に向かって
一人、心を尽《つ》くすとき
共に会議や打ち合わせに臨《のぞ》むとき。

その成否《せいひ》を左右する鍵《かぎ》は
単に知識や能力だけにあるのではありません。
もちろん、それらが重要であることは確かです。
努力によって蓄《たくわ》えられる力、整《ととの》えられる準備もあるでしょう。
しかし、それでも

その本当の鍵は
そこに身を置く一人ひとりの心境と響働《きょうどう》のあり方にあるのです。

必ずめざすべき青写真があり
そのイデア（真実の答え）が存在することを
どれほど信じて尋《たず》ねることができるか。
そして
いかに深く
ものごとの源《みなもと》に遡《さかのぼ》り
事態の核心《かくしん》に迫《せま》ることができるか。
いかに切実に
呼びかけに耳を傾《かたむ》け
心を合わせて

智慧《ちえ》を尽くすことができるか——。

私たちが求める道は、その点にかかっているのです。

一人ひとりは一人ひとりでありながら
バラバラ別々でなく
大いなる叡智《えいち》につながる井戸《いど》の一つ一つ
解答が現れる出口の一つ一つです。
青写真のかけらは、誰《だれ》に降《お》りてくるかわからないものです。

めざすべき解答は
その井戸と、出口を除《のぞ》いて
他のどこからも、もたらされることはないことを心に刻《きざ》んでください。

そしてだからこそ
同じ切実さ
同じ緊張感
同じ熱意をもって
この場の力となってください。

自《みずか》らの限りを尽くし
互いが互いを補《おぎな》って響働することが
思いもかけない力の共鳴《きょうめい》をもたらすのです。

*

わたくし（たち）は
力の限りを尽《つ》くして
テーマの根源を求めます。
問題の核心《かくしん》を見つめます。
事態の全貌《ぜんぼう》を捉《とら》えます。
そこに呼びかけられている声に
心の耳を澄《す》ませて聴き入《い》ります。
そして、必ず存在する青写真に向かって肉迫《にくはく》します。

赴《おもむ》くべき場所に赴くことができますように
越え出るべき場所に越え出ることができますように

どうか

わたくし（たち）の歩みを支えてください。
わたくし（たち）を導《みちび》いてください。

解決に向かうための祈り（「最善《さいぜん》の道」を求める祈り）

人間関係のトラブル
仕事上の難題《なんだい》
家族の心配ごと
心を煩《わずら》わす問題やテーマを抱《かか》えるとき。

人生には問題がつきものです。
至《いた》るところで人は困難に遭《あ》い、解決の道を求めます。

けれども
一つの滞《とどこお》りがみるみる広がって
いつの間にか全体を覆《おお》い

事態の解決に近づくどころか、かえって問題を深刻《しんこく》にしてしまうことがあります。

私たちの心が
その重さのために自由を奪《うば》われ
その難《むずか》しさのために閉塞《へいそく》して
事態の全体を見失ってしまうからです。

いかなるテーマを抱えようと
いかなる問題が生じていようと
自《みずか》らが背負うことができない試練を
与えられることは決してありません。
解決する道――「最善の道」が必ず存在することを念じてください。

そして
私たちの現実が、常《つね》に私たちの心の状態、魂のテーマと結びついていることを念じてください。
現実、心、魂の関係を紐解《ひもと》く「魂の因果律《いんがりつ》*注」のまなざしによってその道は開かれてゆくのです。

さあ、静かに深呼吸をしてみましょう。

今、あなたの心を占《し》めている問題はどのような現実ですか。
あるがままの事態を、できるだけつぶさに捉《とら》えてみてください。
気になっている箇所《かしょ》だけでなく、その周囲も関わりも含《ふく》めて、事態全体を受けとめてください。全体の姿を捉えるとき、解決の道が自《おの》ずから見えてくることは少なくありません。

それでは次に
あなたは、その事態がどうなることを願っていますか。
あなたが願う現実とはどのようなものですか。

その願いを確かめたあなたが
問題の現実を前にしたとき、あなたの想いはどのようなものですか。
どんな「つぶやき」や想い考えが、湧《わ》き上がってきますか。

その想いと、問題の現実とのつながりを考えてみてください。
その想いのままで、その「つぶやき」のままで、問題の現実をあなたが願っている状態にすることはできるでしょうか。
あなたの想いがその状態を生み出しているとは言えないでしょうか。

その現実を転換するために
あなたはまず、自らの想いを転換してゆくことが必要です。
習慣となっている心の「つぶやき」をどう変えてゆくか、考えてください。
それが「最善の道」を見出《みいだ》すための第一歩です。

私たちがテーマや問題を抱《いだ》くのは
そこに託《たく》された呼びかけがあるということ――。

私たちは
新たな段階に誘《いざな》われ
新たな心境に導《みちび》かれているのです。
その呼びかけを確かに受けとめるところから
必ず道がついてゆくことを信じてください。

＊

現実や事態が
伝えようとしていることがあります。
教えようとしていることがあります。
その呼びかけを正しく受けとめることができるように
正しい目的（目標）を見出《みいだ》すことができるように
わたくし（たち）を導《みちび》いてください。

思い込みを脱《だっ》して如実知見《にょじっちけん》を果《は》たせるように
どうぞ、全体を観《み》るまなざしを与えてください。
滞《とどこお》りが払《はら》われて風が流れるように

どうか、颯爽《さっそう》とした行動力を与えてください。

わずかでも
痛みが歓《よろこ》びに転換しますように。
混乱が調和へと整《ととの》えられますように。
停滞《ていたい》が活性につながりますように。
破壊が創造へと導かれますように。
それらを成就《じょうじゅ》する「最善《さいぜん》の道」が開かれますように。

どうか、そのために
わたくし（たち）をはたらかせてください。
わたくし（たち）に智慧《ちえ》を与えてください。

魂の因果律

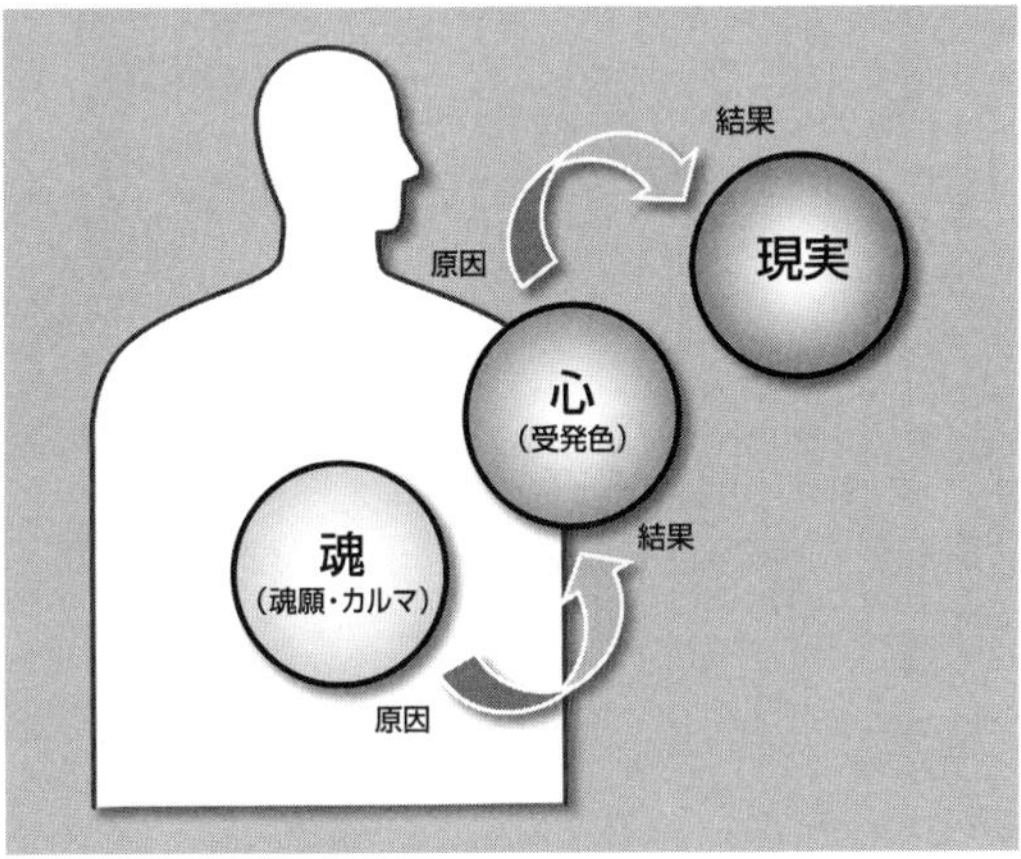

＊注　「魂の因果律」――人間の魂と心と現実を結ぶ原因と結果の法則。今、私たちの目の前にある現実が、実は、私たちの心の反映であるばかりか、その奥にある魂の反映であることを示す神《しん》理《り》（詳しくは、小著『あなたが生まれてきた理由』165頁参照）。

創造のために（宇宙との響働《きょうどう》のために）

「この出会いにはどんな意味があるのだろうか。
この出来事、この事態は私に何を呼びかけているのだろうか。
何に気づけ、何をせよと言っているのだろうか。

過去からの要請《ようせい》は何だろう。
足りないものは何だろう。
修正すべきこと、再結《さいけつ》すべきことはないだろうか。

未来からの呼びかけは何だろう。
この事態には未来のどんな潮流《ちょうりゅう》の兆《きざし》が孕《はら》まれているのだろうか。
今、全体はどの方向へ行こうとしているのだろうか。

緊急にしなければならないことは何だろう。
今、創造しなければならないことはないだろうか。
私はこの事態のどんな縁《えん》になれるのだろうか。

最も大切にすべきことは何だろう。
事態は私にどう生きよと言っているのだろうか」――〔真我《しんが》との交流のために〕

ただ一つのことが成《な》し遂《と》げられるために
宇宙全体が必要です。

宇宙の助力《じょりょく》なしには
人は歩くことも立つことも

息《いき》を吸うことさえもできません。
自分で考え、自分で行動して
自分一人で成し遂げたつもりでも
見えない助力が充満《じゅうまん》しているのです。

人々の助力
自然の助力
宇宙摂理《せつり》の助力
そして
見えない次元の助力に
あなた自身が常《つね》に支えられてきたことを想ってください。

かつて経験した

発見の瞬間を想い起こしてください。
自分自身の気づかなかった姿に気づいたとき
問題の解決の糸口を見出《みいだ》したとき
その発見は
決して過去の繰《く》り返しの中にはなかったはずです。

どこからともなく
光が下《くだ》るようにあなたと現実の間に
降《お》りてきたものではないでしょうか。

どこからともなく降りてくる光
それは
人々との

自然との
宇宙との
そして
永遠の生命《せいめい》の次元、神との
響働のしるしです。

発見と創造のために
自己の力のすべてを開きつつ
心の波動《はどう》を宇宙に合わせるのです。

あなた自身が
創造の原理を分有《ぶんゆう》する
神の子であることを信じてください。

＊

わたくしは、わたくしの内なる叡智《えいち》を信じます。
わたくしは、神につながる絆《きずな》に托身《たくしん》します。

今、本当に必要とされるものが
明らかになりますように
今、本当に必要なことが
成就《じょうじゅ》されますように。

そのための
開けと智慧《ちえ》を与えてください。

「後智慧《あとぢえ》」のための祈り

神理《しんり》の道においては、事《こと》にあたるとき、「先智慧《さきぢえ》―実行―後智慧」という基本的なリズムがあります。

「先智慧」とは、前もって、自《みずか》らの願いを確かめ、青写真を描いて、それを具《ぐ》現《げん》するための「最善《さいぜん》の道」を探すことを指します。そのために「ウイズダム」という道があります。

「ウイズダム」に取り組むとは――。すべての現実は「因縁果報《いんねんかほう》」という神理によって生まれていることを前提に、今向かい合っている現実のテーマを意識化し、その現実に対する願いを確かめた上で、その願いとは遠く隔《へだ》たった現状（暗転の「果報」）を見つめ、その暗転を生み出している「因《いん》」（自分の想いや言動）と「縁《えん》」（同志・原則・システム）を点検します。暗転の「果報」は、暗転の「因」と暗転の「縁」によって生まれてきたと受けとめるのです。

それを願いに叶《かな》った現実（光転の「果報」）に導《みちび》くために、まず私たちは「因」の転換を最も重要なステップとして考えます。自分自身の想い、心のつぶやき、行動を転換するのです。それから、「縁」を整《ととの》え、その「因」と「縁」の転換に則《のっと》った、具体的なアクションプログラム（行動計画）をつくるところまでが、「ウイズダム」の取り組みです。

〔「先智慧」のための祈りとしては、「青写真を求めるための祈り（願い・ヴィジョンを描くために）」（三八二頁）、「解決に向かうための祈り（「最善の道」を求める祈り）」（三八八頁）、「創造のために（宇宙との響働のために）」（三九六頁）等の中から選んでください〕

そして「後智慧」とは、「先智慧」として取り組んだ「ウイズダム」が実際に、的確に実行されたかどうか、一つ一つ点検してゆくことです。

「因」の転換は確かに実行されたのか。

「縁」の転換は確かに実行されたのか。
アクションプログラムは履行《りこう》されたのか。
その結果、暗転の「果報」は、確かに光転に至《いた》ったのか。
それらを点検した上で
転換が果《は》たされたときも果たされなかったときも
その原因を確かめ、さらなる改善点や次に取り組むときのテーマを意識化し
新たな願いに結んで締《し》めくくることが「後智慧」になります。

けれども、常《つね》に事前の「ウイズダム」に沿《そ》って「後智慧」ができる場合ばかりではないでしょう。「ウイズダム」に不慣れな方やそれを知らない方もいらっしゃると思います。
そのような場合は次のように考え、振り返ってください。

結果はどういうものだったのか。
事にあたるときに、確かめた願い（目的）は貫《つらぬ》かれたか。
現実をつぶさに見つめることを怠《おこた》らなかったか。
何よりも、事態だけを変えようとすることなく
まず自分が変わることから事態を願いに導こうとしただろうか。

「後智慧」の神髄《しんずい》とは、「事は終わった」と思ったところから次なるステージが始まっていることを受けとめることにあります。そして、普通は振り返りたくない、失敗や挫折《ざせつ》からより多くのことを学ぶことができる取り組みなのです。

すべての解答が、現実の中に隠《かく》れていることを強く信じてください。

＊

わたくし（たち）が
事実のすべてをあるがままに
受けとめることができますように。
呼びかけのすべてをまっすぐに
受けとめることができますように。

願いに対してわたくし（たち）はどう生きたでしょうか。
自《みずか》らの想いの転換を果たすことができたでしょうか。
同志との関わりはどうだったでしょうか。
原則を改善することはできたでしょうか。
システムを改善することはできたでしょうか。
アクションプログラム（行動計画）を誠実《せいじつ》に実行できたでしょうか。

これまでの歩みを見つめることは
未来をつくる歩みにほかなりません。
どうか
その一切《いっさい》を
正しく見つめることができるように
そしていかなる「呼びかけ」も逃《のが》さず
受けとめることができるように
わたくし（たち）を導《みちび》いてください。

集いのための祈り

集いとは何でしょうか。

この場が生まれたこと
それには様々な理由《りゆう》があり、いきさつがあります。
その本当の必要と必然を思い出してください。
それを満たすのは、この場に集う一人ひとりによってです。
それぞれが誠《まこと》を尽《つ》くして、この時と場に向かい合ってください。

人と人の出会う場、人の集う場には
いきさつを超えた隠《かく》れた理由が
託《たく》されています。

いかなる集いであろうと
人が人生を共有し合う時と場には
私たちの意図《いと》を超えた呼びかけが響《ひび》いているのです。
人智《じんち》を超えた声なき声を一人ひとりが想ってください。

*

この集いは何のためにあるのでしょうか。
その問いかけが
一人ひとりの内に生き続けますように。

わたくしたちは今日
何を求め

何を与え
何を見出《みいだ》し
何を育《はぐく》み
何を捨てなければならないのでしょうか。

この集いのいのちが明らかになり
そして成就《じょうじゅ》するように
わたくしたちを導《みちび》いてください。

出会いのとき

人間は
独《ひと》りで生まれ、独りで死んでゆかなければならない存在です。
けれども、その二つの孤独をつないでいる時の連《つら》なり
その間
人は独りで生きてゆくことはできません。

人は出会いに人となり
関わることによって
すべてを発見し、実感し、身につけ、創造してゆくのです。

出会いとは一体何でしょう。

人生という建築を支える
幾千幾万《いくせんいくまん》の柱。それが出会いです。
一本の柱によって新しい建築が立ち上がるように
一度の出会いによって人生が開かれる。
一度の出会いによって新しい流れが溢《あふ》れ出す。
一度の出会いによって自分に目ざめる。

もしこの人と出会わなかったら
もしこれと出会わなかったら
自分は一体どうなっていただろうと思うことがあります。
その想いが出会いに対する謝念《しゃねん》。
人生とはそれ自体が邂逅《かいこう》、出会いではないでしょうか。

出会いとは
共に生きること。
出会いとは
共に生かされること。
出会いとは
共に生かし合うこと。
出会いとは
互いに自《みずか》らを預《あず》けること。
出会いとは
互いの内に源《みなもと》なる神を見出《みいだ》すこと。

出会いとは
開かれた存在と

開かれた存在の対話。

出会いとは
人にはつくれない
神意《しんい》の縁《えにし》の結びつきです。

人智《じんち》を超える宇宙の歳月《さいげつ》と
計《はか》り知れぬほどの生命《せいめい》の歴史が
ただ一つの出会いのうちに流れ入《い》ります。
あなたは
この茫漠《ぼうばく》とした
果《は》てしなき流れの中の
ただ一点に出会いを迎《むか》えるのです。

あなたにとっては敬遠《けいえん》したくなる出会いもあるでしょう。
苦手《にがて》な出会い、不安な出会い
面倒《めんどう》な出会い、嫌《いや》な出会い、無意味な出会い。
けれども出会いそのもののいのちは
人間の意思《いし》をはるかに超えた場所に息《いき》づいているのです。
出会いは、あなたがつくろうとしてもつくれるものではないのです。
生かされて生かされて生きる
出会いとはそのしるしです。

ならば、この出会いをどう受けとめますか。
どう心を尽《つ》くすのでしょうか。

*

出会いの前に

この一回生起《いっかいせいき》の出会い
一瞬一瞬に
信をもち
愛を与え
我《われ》を忘れて
生きることができるように
この出会いに呼びかけられている声なき声を
受けとめることができるように
わたくしを支えてください。

力を尽《つ》くし

智慧《ちえ》を尽くし
心を尽くして
関わりの場に向かえるように
わたくしを導《みちび》いてください。

*

出会いの後に

わたくしは今
与えられた出会いのいのちを
魂深く受けとめることができたでしょうか。
一瞬一瞬にまごころを込めて生きたでしょうか。

大切なものを見続けていたでしょうか。
巡り合ったその方のいのちを敬《うやま》っていたでしょうか。
わたくしを正しく導《みちび》いてください。

人生の岐路《きろ》を迎《むか》えたとき

一体どちらを選択《せんたく》すべきか。
左か右か。
前進か後退か。

歩んでいる道が分かれ
左か右か、いずれかに進まなければならないとき。

左の人生か、右の人生か。
人はその両方を生きることはできません。
人生の節目《ふしめ》には、必ず人生を分ける岐路が伴《ともな》います。

進学のとき

就職のとき
転職のとき
結婚のとき……。
そればかりではなく
変化し続ける人間関係にも
常《つね》に岐路が伴うと言って過言《かごん》ではありません。
人生とは岐路の連続です。

そして、その岐路に臨《のぞ》んで
誰《だれ》もが願うのが
後悔のない選択をしたいということでしょう。
その選択にどんな未来が待っているか
それをあらかじめ知ることのできる人はいません。

そのすべてをわかって選択はできないのです。

けれどもこれだけは言えるでしょう。
どちらに進むか迷って仕方《しかた》がないというような岐路ならば
左に進むか右に進むかで違いはあっても
その方向で「最善《さいぜん》の道」を歩むことはできる。
どちらにも、その道を歩んで良かったと思える道が一つはあるということです。

大切なことは
その時その場において
自《みずか》らの限りを尽《つ》くして生きること。
自分の心の奥に響《ひび》く本心の声に忠実《ちゅうじつ》に歩むこと。
それに応《こた》えるならば

きっとあなたの後ろには「最善の道」が刻《きざ》まれてゆくのではないでしょうか。

だからこそ
心の声にいつも耳を澄《す》ませてください。
あなたの本心、魂の願いが現れることを祈ってください。

＊

わたくしは
人生の岐路《きろ》を前にしています。
左か右か
どちらに進むのかを問われています。

どうか
わたくしに最善《さいぜん》の選択《せんたく》ができるように
本心の声を聴かせてください。
魂の願いを明らかにしてください。

そして
その選択によって
わたくしの生き方が
ますます研《と》ぎ澄《す》まされて
いつも自《みずか》らの限りを尽《つ》くして生きることができるように
わたくしを導《みちび》いてください。

別れのとき

期間の長短を問わず、出会い・関わりは恩寵《おんちょう》の時です。
出会いは人にはつくれない。
それは常《つね》に生かされる者たちの、その生かされるしるしです。
同じ時空《じくう》にただ一度だけ出会うことさえ
永遠の生命《せいめい》の歴史に比すれば、奇蹟《きせき》のようなものです。
それを真実想うならば
関わりを許されること自体が、比類《ひるい》なき恵《めぐ》みではないでしょうか。

湧《わ》き上がる残念な想い、寂《さび》しい想い。
本当にそう感じ、そうなずけるなら
その残念さと寂しさによって、出会いのいのちを深く心に刻《きざ》んでください。

互いの姿を認め合い
耳を傾《かたむ》けては語りかけ
出会った日々のこと。
今、大切に思い出してください。

一緒《いっしょ》に食事をしたこと。
一緒に街を歩いたこと。
一緒に笑い、一緒に泣いたこと。
喧嘩《けんか》をし、また仲直りしたこと。
共に生き合い、学び合い、過ごしてきたこと。

楽しいときの思い出も

苦しいときの思い出も
それは、心に刻まれれば、友情にとってのかけがえのない足跡《そくせき》。
そして今
この出会いの連《つら》なりから
新たな出発が始まろうとしています。

*

この方（〇〇〇さん）の歩む道に
常に祝福《しゅくふく》の光が降《ふ》り注《そそ》がれますように。
良き出会いが満たされますように。

わたくしたちが

それぞれに
自《みずか》らの往《ゆ》くべき道を見出《みいだ》し
それを見失うことなく
歩んでゆけるように
導《みちび》いてください。

そして
再会のときには
わたくしたちが
今日にもまして
互いの真実な姿で出会えるように
真実の友情を確かめることができるように
わたくしたちを見守り続けてください。

反省に向かうとき（自《みずか》らを振り返るとき）

失敗したとき
結果が思わしくなかったとき
過《あやま》ちを犯《おか》したり誰《だれ》かを傷《きず》つけてしまったとき
私たちは反省を促《うなが》され、また自ら振り返りの時を持とうとします。

でも、反省の目的は、自分自身に対する審判《しんぱん》にあるのではありません。自分の行動の善《よ》し悪《あ》しを単に裁《さば》いたり、自分を罰《ばっ》したりすることではなく、自らの心のあり方によって、自らがすでにどのような現実を背負っているのかを知ることです。自らによるその現実から自分自身を解《と》き放《はな》ち、自分の中にまだ眠っている本当の自分をあらわすことです。

だからこそ、自分自身の過ちや不足の核心《かくしん》を摑《つか》むことが大切でも、「自分のここがよくなかった」「あそこが悪かった」ということで終わってしまう反省のスタイルは超えなければなりません。非を口にすることで満足してはいけないのです。

同じ失敗、同じ過ちを繰《く》り返さないためには、具体的に手口足《てくちあし》を変える必要があります。アクションプログラム(具体的な行動計画)を実行して、初めて反省は実《み》を結ぶのです。

反省のとき。自らを振り返るとき。

それは心と行いの再生の営《いとな》みです。

魂の状態を感じとり、正しい智慧《ちえ》の歩みをあらわしてゆくために、まず、安易《あんい》な二見《にけん》*注の判断を離《はな》れることが大切です。常《つね》に自分の行動の動機と結果を省《かえり》み、当たり前のようですが、大切なものを大切にしてゆくことです。

そして、私たちの現実が必ず意識・心と結びついていること。「唯心所現《ゆいしんしょげん》」——

一切《いっさい》は心の現れであること――を想ってください。

いつでも、どこでも、絶《た》えず絶えず、内を見つめる眼《め》を持つことを念じてください。

自ら進んで内的な営みに親しもうとする意志を確かにしてください。

反省とは

大宇宙を貫《つらぬ》き支配している慈悲《じひ》の心に自分を立ち還《かえ》らせ、愛の器《うつわ》たる自ら自身に少しずつ、うまずたゆまず戻《もど》ってゆく、心行《しんぎょう》（心と行い）です。

生かされ、支えられている自分の姿に目ざめるならば、たとえ言葉でわからなくとも、魂の透明《とうめい》なはたらきによって、往《ゆ》くべきところに赴《おもむ》き、避《さ》けるべきものを拒《こば》むように、必ず導《みちび》きが与えられます。

魂の最も素朴《そぼく》な動向《どうこう》は、引力《いんりょく》と斥力《せきりょく》と中和力《ちゅうわりょく》です。近づくか遠ざかるか、とどまって見守るか、頭でなく、心で感ずるのです。

透明に、純粋に、裸の魂の動向を心の営みに結びつけてゆくために、私たちは祈りと共に過ごすことです。

一日のうちのひとときでも、この反省と祈りの時を持ってください。一つ一つの出来事、自分の知らなかった自分自身の姿が明らかになるでしょう。一人ひとりのいのちが、いよいよかけがえなく思われてくるでしょう。この時は、深みへ深みへと自分を誘《いざな》う旅なのです。

一瞬一瞬の心行の営みが、反省と一つになった祈りと化してゆくように強く望んでください。

石と呼吸を合わせてゆく。
草と呼吸を合わせてゆく。
花と呼吸を合わせてゆく。

大地と呼吸を合わせてゆく。
天と呼吸を合わせてゆく。
（生かされている自分、生かされるいのちを、しばらく観想《かんそう》してください）

自然と一体になった自らのまなざしで
もう一度事態を振り返ってください。

*

わたくしは
永遠《とわ》のいのち流れ入《い》る
一切《いっさい》と一つになります。
わたくしは

神の息吹《いぶ》きに目ざめる
一切と一致します。

あらゆる存在はかけがえなく大切にされています。
すべての人々は使命を抱《いだ》いています。
絶えずいのちを新しくされ
愛と慈《いつく》しみに満たされる
それぞれの本来の場所。
わたくしたちがその真《まこと》の住処《すみか》に還《かえ》る道のりに
常《つね》に迷わぬように
導《みちび》いてください。

想いと言葉と行いの事実を知らせてください。

自分の姿をあるがままに見ることができるように
明らかな光によって照《て》らしてください。
自分の心を正しく知ることができるように
わたくしを導いてください。

＊注　「二見《にけん》」――好悪《こうお》、利害、善悪、価値の有無《うむ》といった、あらゆるものごとを二つに分けて考える相対的《そうたいてき》な見方を「二見」と呼ぶ。その見方の源泉《げんせん》は、人が生まれたときに生命を維持《いじ》できる状態を「快」、できない状態を「不快」とする感性《かんせい》にある。それを意識の根底に抱《いだ》くために、人は人生のすべてを二元的な尺度《しゃくど》で振り分けてゆくようになり、その本当の姿を捉《とら》えることができなくなってしまう。

懺悔《ざんげ》したいとき（許しを請《こ》う祈り）

そのときは少しだけ心痛むことでも
日が経《た》つにつれて心に影を落とす出来事があります。

小さな嘘《うそ》
小さないじわる
小さな罪《つみ》
ささいな諍《いさか》い
ささいな意地《いじ》の張り合い……。

どんなに小さくささやかなことから始まったとしても
心に引っかかり後悔を残しているとき

あるいは、取り返しがつかないこととわかっていても
許しを請いたいとき。

あなたは
まっすぐに
あなたの本心に立ち還《かえ》るべきです。
そして、その本心に生きるべきです。

本心はそれ以上
そのわだかまりを引きずってはいけないと諭《さと》すでしょう。
率直に心を開いて本心をもってお詫《わ》びし、許しを請うことです。
けれども、直接の許しを請うことが叶《かな》わないことも少なくありません。
そのときは心の中で許しを請い

これまでのあなたと訣別《けつべつ》し
次の瞬間から新しく生きてください。
片意地を張ることなく
恐れに呑《の》み込まれることなく
本心の想いに忠実に行動を現すのです。

そして
あなた自身の心からの懺悔を
直接伝えることができる日を待つのです。

*

わたくしに光を注《そそ》いでください。

邪《よこしま》な心、頑《かたく》なな心から自由にしてください。

わたくしは
本心に生きたいのです。
魂の声に従いたいのです。

わたくしの
愚《おろ》かさと不誠実をお許しください。
わたくしが
自《みずか》らの行いを決定的に改めることができるように
わたくしを支えてください。
わたくしに光を注いでください。

再結《さいけつ》のための祈り（絆《きずな》を結び直すために）

思い出すこともつらい
振り返ることも苦しい
痛恨《つうこん》の出会い。
忘れたくても忘れられない
無視したくても無視できない
捩《ねじ》れてしまった関わり。

誰《だれ》でもいくつかは抱《いだ》いている
そんな関わりをもう一度結び直そうとするには、勇気が必要です。
間《ま》の悪さのために失敗したのだという気持ち。

相手の誤解や横暴《おうぼう》さのために巧《うま》くいかなかったという想い。
けれども
失敗の中には、自分自身の未熟《みじゅく》と不足も含《ふく》まれていたはずです。

許容度《きょようど》のない対応。
性急《せいきゅう》な善悪観。
相手の出方を窺《うかが》うばかりで
本当に大切にすべきものを軸《じく》にできない弱さ。
そして、相手との出会いを心から歓《よろこ》びとして
受けとめることができない心——。

それから少なくはない時が流れました。
今ならば自分の足りなかった点も、よく見えるのではないでしょうか。

そして、あなた自身の中に様々な変化が訪れた今
再結の時、その関わりを結び直せる時が巡《めぐ》ってきているのです。

多くの過去の想いを引きずりながらも
その想いを超えてゆく心の力があなたを支えていることを信じてください。
そして、人生とは再結によって思いもかけないほど深まりゆくことを想ってください。

＊

わたくしの心に勇気と安らぎを与えてください。
光を与えてください。

憎《にく》しみ、恨《うら》み、許せない想い
恐れ、不安、逃げ出したい想い
ずっと渦巻《うずま》いてきた過去からのこだわり
それらを引き受けながら
まったく新しいわたくしとなって出会いたいのです。

傷《きず》つき、痛みを孕《はら》んだ関わりならばこその
深い縁《えにし》を信じたいのです。

何よりもわたくしが
出会う相手を愛することを見失うことがないように支えてください。

わたくしたちの強い絆《きずな》の証《あかし》をあらわしてください。

逆境《ぎゃっきょう》・障害の中にあるとき

人生には苦しくつらいことがあります。
人々がその望みを実現するには
あまりにも難《むずか》しい障害に阻《はば》まれることがあります。
長い間、苦境に立たされるときがあります。
その逆境と障害に一つずつ向かい合うことが
私たちの人生であると言っても過言《かごん》ではありません。

だからこそ、その現実をしっかりと引き受けることが大切です。
それは、あたかも自分の外から降《ふ》りかかったもののように見えて
実は自《みずか》らつくり出したものが多いのです。
「唯心所現《ゆいしんしょげん》」の言葉通り、自らの心のあり方が人間関係をつくり

具体的な出来事を起こしてゆくからです。
その原因はしっかりと見つめておかなければなりません。
他人《ひと》を責《せ》めたい想いや被害者意識があるときは
特に自分中心、自己保存の想いに陥《おちい》っていないかどうか
よく振り返ってみるとよいでしょう。
出来事は常《つね》に新しい縁起《えんぎ》（原因と結果の連《つら》なり）の中にあります。
いくつかの原因を取り除《のぞ》き得《う》るなら
また、改善することができるなら
状態は好転させ得るのです。
その解決に心を尽《つ》くしてください。

ただこのことは心に置いてください。
逆境は、常に避《さ》けるべきものとしてあるだけではありません。

すべての現実には、いきさつの奥に隠《かく》された意味があります。印象とはまったく別に、逆境が抱《いだ》く意味があるのです。

順境にあるとき、魂はすぐ眠ってしまいます。楽観と安心に、そして怠惰《たいだ》に流されてしまうのです。厳《きび》しいとき苦しいときにしか目ざめられない哀しい性《さが》を、誰《だれ》もが抱《かか》えています。

つまり、逆境とは、眠れる魂への揺《ゆ》さぶり――。

逆境とは、もともと困難に見えて困難にあらず、障害に見えて障害ではないものであることを思い出してください。

もしこの障害が生じていなかったら、後により以上の混乱を引き起こしていたに違いないと判断されることが実際にはたびたびあるのです。

また、一つの壁《かべ》が新しい開けを告知《こくち》することがあるのです。

それは、生かされる私たちに与えられた知らせであり、呼びかけであり、導《みちび》きであるということです。

その呼びかけに何を聴くのか。
その壁に何を見出《みいだ》すのか。
私たちが、いつも障害と共に歩むことを忘れないでください。

何かをすれば何かが起こる。
動き出したら何かにぶつかる。
「まっすぐに歩こう」と思い立った瞬間に
眼《め》の前に壁があらわれ、往《ゆ》く道は地割《じわ》れする。
でも、障害を恐れてばかりいてはならない。
目的を抱く。目標を持つ。
そのとき必ず、障害があらわれる。
だから、何の障害もないということは
何の目的も持たないということに過ぎない。

いつも大切なものを求め、必要でないものを捨ててゆく生活を続けることが必要なのではないでしょうか。

自らを励《はげ》ましてください。

投げ出された人生
忘却《ぼうきゃく》から始まる人生
何も知らずに歩き始めたこの道
迷わずに、間違わずに
どうして進んで行けるだろう。

苦しいとき、つらいとき

悲しいときがある。

けれどもそのときこそ
他人《ひと》を責めず
他人《ひと》を恨《うら》まず
不安と不満のからくりに打ち負かされず
「今」に体当たりして
真《まこと》の心を建て直すとき。
心の眼《め》を開いて
何が大切なのかを
本当に
見出すことができるとき。

苦しくても　つらくても
たたかれても　つき放されても
蔑《さげす》まれても　辱《はずかし》められても
まごころを尽くすことを忘れない。
そうすれば
必ず道は開かれる。

念ずれば
嵐は過ぎ去る。
念ずれば
いのちの花開く。

＊

正しい道を歩むことができるように
いつも、わたくしの前を
明るい光で照《て》らしてください。

苦しみはわたくしを強くする風です。
魂を揺《ゆ》り起こす響《ひび》きです。
悲しみはわたくしを洗う雨です。
魂を目ざめさせる光です。

この困難を乗り越え
この辛苦《しんく》に打ち克《か》つ
不動の心

不壊《ふえ》の力
無尽《むじん》の智慧《ちえ》を
わたくしの中にあらわしてください。
人は自《みずか》らのためだけに生くる者にあらず。

限りを越えた苦しみと
限りを越えた悲しみにも
まごころを忘れず
救世《ぐせ》の悲願《ひがん》を貫《つらぬ》いた
幾多《いくた》の魂のことを想い出させてください。
名もなきその魂の兄弟と共に
同じ道を歩ませてください。

順境《じゅんきょう》の中にあるとき

人生には順風のときがあります。
ものごとがすべてうまくいっている。
人間関係も良好。
仕事も家庭も順調。
取り組むことがことごとく成功。
風に乗ったヨットのように
前に進んでゆくとき。

それはきっと
あなたの才能や資質ばかりでなく
これまでの努力と蓄積《ちくせき》が実《み》を結んでいるのでしょう。

その結実には自信を抱《いだ》いてください。
けれども同時に
現在の順調さを支えている多くの助力《じょりょく》を
決して忘れないでいただきたいのです。

あなたを支えているのは自分の力だけでなく
あなたと縁《えん》をもった多くの人々
家族、友人、知人、上司、同僚《どうりょう》、部下、従業員、取引相手、顧客《こきゃく》……。
それればかりでなく、自然の力、宇宙の力……。
見える助力、見えない助力があって
今日があることを想ってください。

その縁と助力を心に刻《きざ》むなら

何が起こってもおかしくはない現実の世界で
いかなる動揺《どうよう》にも応《こた》えてゆくことができるはずです。
あなたには無尽《むじん》の助力がはたらいているのですから。

一時《いっとき》としてとどまることを知らない変化の世界にあって
それが、揺《ゆ》るがぬ心を保《たも》つ秘訣《ひけつ》の一つです。

そしてもし、何の圧迫《あっぱく》もなく
前向きに積極的に事態に向かい合えるのなら
今こそ、未来への力を蓄《たくわ》えるとき。
次なる次元に至《いた》るために準備しておく必要があるのではないでしょうか。

*

多くの有形無形《ゆうけいむけい》の助力《じょりょく》によって
わたくしの今があることを感謝します。

その助力に応《こた》えるために
わたくしは自《みずか》らの願いを求め
努力を重ねて
歩みを深めてゆきます。
試練のときも
恩恵《おんけい》を忘れないように
必ずその呼びかけに応えてゆきます。

わたくしが

多くの助力によって支えられたように
縁《えん》ある方々の支えになってゆくことができるように
わたくしを導《みちび》いてください。

今わたくしが
心を傾《かたむ》けるべきことは何でしょうか。
力を注《そそ》ぐべきことは何でしょうか。
今為《な》すべきことを明らかにしてください。

入院のとき

突然の発病、入院の診断。
働くこともままならず、自由も利《き》かない生活。
仕事や家庭に襲《おそ》い来る恐れと不安。

今あなたにできることは何でしょうか。
とにかく病気を治《なお》すことに専念《せんねん》すること。

病《やまい》の原因には肉体的原因ばかりでなく
心のあり方によるものが少なくありません。
習慣の問題、生活の不調和が、その原因となることもあります。
見えない次元の影響、霊《れい》的な障害がその原因となることもあります。

それらの中心にあるのが、日々の想い・心のあり方です。

その原因に、もし気づいたら、それを取り除《のぞ》くことを心がけてください。
忍耐《にんたい》強く心を解《と》きほぐし、不摂生《ふせっせい》な生活から自《みずか》らを遠ざけてください。
疲《つか》れた心身を癒《いや》すことが必要な人は、休むことに専念《せんねん》すること。
心身の調和のために自らの心と生活を振り返ること。
霊的障害に対しては、心の調和と光を受けることに努《つと》め、不退転《ふたいてん》の気持ちで
常《つね》に大いなる存在・神の側につながってゆき
暗い波動《はどう》には強く立ち向かうこと。

生産活動ばかりを重視しがちな現代社会の中では、ただベッドの上で過ごさなければならない時間は無意味にしか思えないかもしれません。
病気は忌《い》むべきもの。

病気は災難――。

けれども、「病は呼びかけ」です。肉体的な不調和を知らせるだけのものではないのです。

これまでのあなたの生き方、あなたのまなざし、あなたの人生そのものへのかけがえのない呼びかけかもしれません。

そして、その声を受けとめることができるなら、それは本当に創造的な営《いとな》みになり得《え》ます。新しいあなたに生まれ変わる絶好の機会となるからです。

あなたがこれまで抱《いだ》いてきた人生観、世界観を見直すことが呼びかけられているのかもしれません。

「あなたがあなただと思ってきた自分の姿を見つめよう」と、促《うなが》されているのではないでしょうか。

あなたがこれまで結んできた人間関係を振り返らなければならないのかもしれ

ません。病を得て初めて他の人の好意の有難《ありがた》さを知る人は少なくありません。

人間の絆《きずな》の大切さを改めて想ってください。

いずれにしても今までのやり方、これまでの生き方を超える時が訪れているのです。

今、あなたがこうして立ち止まったことは、あなた自身が心の深くで、もっと深い確かな根《ね》を探し求めているしるしです。

その呼びかけに耳を澄《す》ませてください。

*

わたくしは自《みずか》らの不摂生《ふせっせい》を顧《かえり》み
自らの生活を調和に導《みちび》きます。
わたくしは内なる偏《かたよ》りの想いを戒《いまし》め

自らの想念の調和に努《つと》めます。
今、わたくしには強く呼びかけが響《ひび》いてきます。
その声を確かに受けとめることができるように
わたくしを導いてください。

新しい生き方への始まり
新しいわたくし自身への始まりが
ここにあることを信じて
この時を受けとめます。
どうぞわたくしに光を与えてください。

病苦を受けとめるために

苦しい。つらい。
思ったよりも症状が芳《かんば》しくない。
堪《た》え難《がた》い痛みに心が乱れるとき。
熱っぽい体に力が保《たも》てないとき。
不安と苦痛に脅《おびや》かされるとき。

喧騒《けんそう》に紛《まぎ》れていた日常からポツンと独《ひと》り取り残された寂《さび》しさが
病苦を一層厳《きび》しいものにすることがあります。
賑《にぎ》やかな話し声もない
ひっそりと静まり返った孤独の夜が
痛みを一層あからさまにすることがあります。

独りで時を送ることに慣れていない私たちの弱さ。
独りで過ごす時間の意味を味わい切れない私たちの哀《かな》しさ――。

あなたの心に光を受けてください。
悲観的な想い、恐れと不安をひとまず脇《わき》に置いて
今もあなたを生かそうとする力がはたらき続けていることを感じてください。
あなたは
全身の細胞器官がそのはたらきに一層応《こた》えるように
静かに語りかけてください。

そして、いついかなる時と場にも、等しく人生の道は
開かれていることを思い出してください。

病《やまい》を本当の意味で乗り越えるには
病に打ち克《か》とうとする強い心だけでなく
ときには病を受け入れ、病とともに生きようとする
柔《やわ》らかい心が必要です。
浮き身《み》の姿勢で力《りき》みをなくし、自然体で時を送ることが鍵《かぎ》になります。

ことに長い間、病とともに歩まなければならないとき
このことを忘れないでください。
病の中にも、健康な人に優《まさ》るとも劣《おと》らない
光に満ちた人生の道が開かれているのです。
この世界には
あらゆる痛みを癒《いや》そうとする力が流れています。

肉体的癒し、精神的癒し、社会的癒し、そして霊《れい》的な癒し。
人間が抱《かか》える様々な痛みを全体として
必ず癒し得《う》る力がはたらいているのです。
たとえ不治《ふち》の病であっても
魂の次元――人間が抱《いだ》く最も深い次元――においては
癒されない魂はありません。
その癒しの力を信じて光を受けてください。

*

自《みずか》ら自身に

病《やまい》にあるわたくしが

不安と孤独と失望に沈《しず》むときも
いついかなるときも
一日一日を
清く
強く
簡素《かんそ》に
そして慈愛《じあい》に満ちて
生きることができるように
支えてください。

わたくしは心を込めて祈ります。
この不安を通じて
不安を背負うすべての魂を想うことができますように。

そして傍《かたわ》らで対話する者となれますように。
この痛みを通じて
痛みを背負うすべての魂を想うことができますように。
そしてその傍らで歩む者となれますように。
この願いが実現するまでわたくしを見守ってください。

*

病床《びょうしょう》にある人のために

病《やまい》に苦しむすべての人々の上に、限りない慈《いつく》しみが注《そそ》がれますように。
○○○さんを励《はげ》まし力づけ
病苦をやわらげ

痛む心を癒《いや》し
回復の心を一日も早く
○○○さんのうちにあらわしてください。
決して奪《うば》い去られぬ希望と
決して脅《おびや》かされぬ安らぎが
○○○さんのうちに確かになるように
光を与えてください。

助力《じょりょく》のための祈り

肉親の悲しみ
わが子の病《やまい》
親しい友人の挫折《ざせつ》
同僚や知人たちの抱《かか》える困難
社会の片隅《かたすみ》で生きる人たちの差別との戦い
世界の各地で人々を脅《おびや》かす飢餓《きが》と戦火
見知らぬ人々が、いつもどこかで背負わなければならない苦難と災《わざわ》い。

いかなる人生にとっても変わることのない原則があります。
その人自身にしか引き受けることのできない現実があるということです。
いかに厳《きび》しくても、決して肩代《かたが》わりすることのできない人生の現実――。

訪れてくるものは、すべて無意味なものはない。

すべてを引き受けて生きる。それは大切な態度です。

一人ひとりの現実は、その人自身によって生きられてこそ本当の意味を成就《じょうじゅ》するのです。


けれども、それに伴《ともな》うかのように、その傍《かたわ》らにいる私たち、それらを目《ま》の当たりにしている私たちにとっての必然というものもあるのです。

それは、苦難を抱えた人たちへのできる限りの援助《えんじょ》と助力を惜《お》しまず、見守ってゆくことにほかなりません。

そして、だからこそ、何よりも彼らがその人生の現実を見事《みごと》に引き受けることができるように、祈りを捧《ささ》げるのです。


助けを必要としている人、支えを求めている人に対して、特に意識の迷いの森に入ってしまった人に対して、私たちはいかに応《こた》えるべきでしょうか。

同伴者《どうはんしゃ》として歩むとき、心しなければならない点があります。

まず一つは、相手との距離を保《たも》って、できる限りの援助を与えようとする態度。もう一つは、相手と共に歩む者として、この暗黒の潮《うしお》を自《みずか》らに引き受ける態度です。

私たちが船の上にいて、溺《おぼ》れかけている人を見出《みいだ》したとき、その人を救おうとすれば、船の上から救命具《きゅうめいぐ》を投げるか、あるいは自らが海に飛び込んで一緒《いっしょ》に泳いで助けるかという選択《せんたく》を迫《せま》られることになります。

同伴者として生きようとすることは、苦しみ悲しむ人を見たとき、ただ船上から浮き輪を投げることではなく、自分を投げ出すことです。

いかなる事態を前にするときでも、その現実の中に自分自身を投げ入れることからすべての解決が生まれることを心に刻《きざ》んでください。自らを高みに置いては、ものごとの本当の解決は困難です。

けれども一方で、そのようなとき、しばしば私たちが自分の感情に溺れて、その暗黒の潮、意識の迷いの森に呑《の》み込まれてしまうことに注意してください。慈悲魔《じひま》や自己満足の同情は、相手を救えないばかりか、自らをも迷いの中に沈《しず》めかねないものです。それならば、まだ浮き輪を投げることの方が救いの可能性を残すことになるでしょう。

私たちはまず自分自身から出発し、相手になりきり（相手の立場に立ち）、そこにとどまらずに、善意なる第三者の立場に立たなければなりません。相手の立場に立つだけでは、非常に危険なことがあるのです。

そこをつき抜けて大いなる存在・神の側に立つこと、それが善意なる第三者の立場ということです。

感情移入による同情をつき抜けて、慈悲魔をつき抜けて、神仏《しんぶつ》のまなざしが注《そそ》がれる側に、自分をも、その人をも含《ふく》めて立つことです。

同伴者として共に歩むことは、自分も相手も、新しく生まれ変わることです。

共に同列であり、等しい者として心を通《かよ》い合わせて歩むのです。

人々の苦しみや悲しみをわが苦しみ悲しみとして分かち合わんとするまごころをもって――。

伴い歩むこと、共に生きることの根本《こんぽん》を忘れずに、この祈りに向かってください。

*

神よ
苦しめる人々にどうぞ光を与えてください。
安らぎを与えてください。
彼らの苦しみや悲しみが
わずかずつでも和《やわ》らぎますように。

痛みが本当に癒《いや》されますように。

そして、そればかりでなく
いかなる出来事も、いかなる事態も
必然あるものとして引き受けることができるように
彼らに勇気と力を与えてください。

そこに響《ひび》いている呼びかけを
確かに聴くことができるように
わたくしたちを導《みちび》いてください。

妊娠・出産・誕生のときの祈り

宇宙の一切《いっさい》を一つとする源《みなもと》から、光と物質のいのちの流れは溢《あふ》れ、生命《せいめい》と魂の河が途切《とぎ》れることなく流れてきました。

その果《は》てしない流れのしじまに、ひとり子が生まれ落ちるために、一つ魂が立ち現れるために、一体どれほどの長い生命の伝承《でんしょう》があったのでしょうか。

一体それは、どれほどの広がりと深さとを抱《いだ》いたものなのでしょうか。

その永遠《えいえん》の流れを想ってください。

胎内《たいない》にあるとき
人はすでに見、聞き、語り、味わい、感じ、行動しています。
すでに呼びかけ、応《こた》える一人の人間です。
胎内での一日一日を積み重ねて

世界に生まれてくることを待ち望んでいるのです。
新しい生命が宿《やど》ったことの歓《よろこ》びを
素直にあらわしてください。

語りかけてください。
耳を澄《す》ますように
心を澄ませてください。
心と心のつながりを想ってください。
胎内に宿るいのち
神から来るいのちを感じてください。

すべてを包み、助け、育《はぐ》み、支えるまことの母性《ぼせい》よ
自《みずか》らの一切を与え尽《つ》くすまことの母性よ

今こそ
自《おの》ずからにあらわれ出《い》でよ。
道なき地点に立ち、行く手を示すまことの父性《ふせい》よ
自らを盾《たて》としてすべてを守り導《みちび》くまことの父性よ
今こそ
自ずからにあらわれ出でよ。

＊

やがて生まれてくる胎児《たいじ》のために

どうぞ

この子に
光を注《そそ》いでください。

この子が
健《すこ》やかに成長することができますように
世界に生まれる準備を整《ととの》えることができますように
この魂が
後悔を生き直し
自《みずか》らの願いを
見事《みごと》に果《は》たす
智慧《ちえ》と愛に満たされた人として生まれてくることができるように
この子を支えてください。
この子を導《みちび》いてください。

*

安産を祈る

いのちの流れ
魂の系譜《けいふ》のすべてが
生かされて生かされて
流れるままに
伝わるままに
わたくしの内に満ちています。

十月十日《とつきとおか》

本当に、一心であり一体であるような
わが子が
外なる世界に
力に満ち、愛に満ちて
生まれてくることができますように。

出産を待つわたくしの不安と恐れを取り除《のぞ》いてください。
そして
生まれる子が健《すこ》やかであり
この新しきいのちの誕生が人々の歓《よろこ》びとなるように
光を与えてください。

*

誕生を祝う

おめでとう
新しいいのち
嬰児《みどりご》よ。
ようこそこの世界に生まれてきてくれました。
あなたはわたくしたちの
新たな始まり――。

どれほど多くの人々が
あなたの誕生を待ち望んだことでしょう。
あなたはわたくしたちの歓《よろこ》び。

あなたはわたくしたちの希望の星。

こんなにも
あなたは祝福《しゅくふく》され
温《あたた》かく見守られてきたのです。
それをいつまでも忘れないでください。

神よ
この嬰児が健《すこ》やかに成長し
愛に満ちた人となることができるように
どうぞ
光を与え
導《みちび》いてください。

命名のときの祈り

生まれた赤子《あかご》は
かけがえのない人間として
人生の歩みを始めます。
そして、地上に生きるしるしとして
ほかの誰《だれ》でもない唯一《ゆいいつ》の魂のしるしとして
人は「名」を抱《いだ》きます。

命名のとき――。
永遠の生命《せいめい》として抱く魂願《こんがん》とカルマを内に秘《ひ》め
両親（血）・土地（地）・時代（知）という三つの「ち」*注を引き受けて
幼き魂は

この「名」において
地上の歩み一切《いっさい》を刻印《こくいん》してゆきます。

この魂が
これから引き受ける試練を想ってください。
これから応《こた》える使命を想ってください。
そして、試練を呼びかけとして受けとめ
必ずや秘めたる使命を果《は》たせるように念じてください。

命名のときに示される
この魂の来《き》し方《かた》・行《ゆ》く末《すえ》の底知れぬ深み
この魂が抱く果てしない願いと後悔を心に置いて
それらに見事《みごと》に応えてゆくことができるように祈ってください。

＊

この嬰児《みどりご》に
光が注《そそ》がれますように。
この幼き魂の道が
いつも見守られ導《みちび》かれますように。

健《すこ》やかなるこの魂は
両親を縁として（〇〇〇〇を父とし、〇〇〇〇を母として）
〇〇〇〇年〇月〇日に
生を享《う》けました。

無限の可能性を抱《いだ》いて
地上の人生を営《いとな》んでゆく
この魂を
わたくしたちは
○○○と命名します。

どうか、この○○○○の人生の道行きをお見守りください。
いつも光が注がれますように。
この魂が
自《みずか》らの人生のテーマに応《こた》え
人生の目的を果《は》たせるように
導き、支えてください。

三つの「ち」

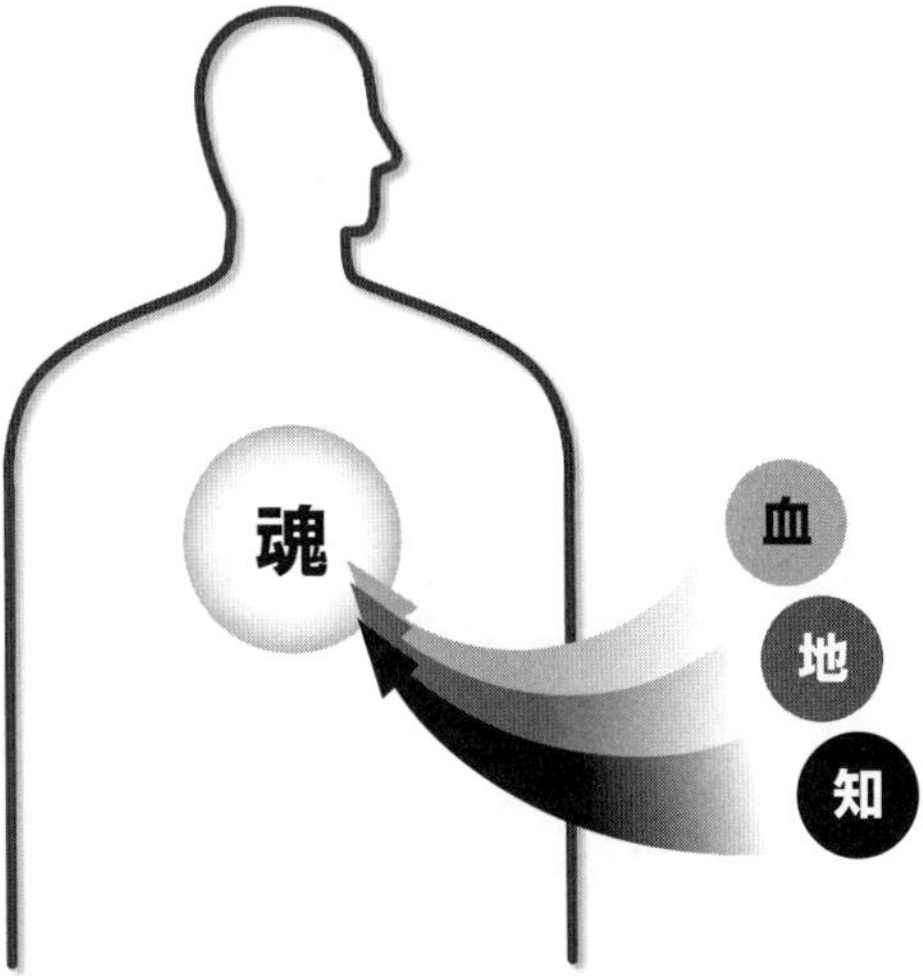

血：血筋——両親、血統、家系、先祖
地：地域——土地の風習、慣習
知：知識——時代の知識、情報、価値観

＊注　「三つの『ち』」——両親からの「血」の流れ、土地からの「地」の流れ、そして時代からの「知」の流れのこと。後悔と願いを抱いて生まれてきた魂は、この三つの「ち」の流れを、過去からの遺産として引き受け、影響を受けるところから人生を始める（小著『あなたが生まれてきた理由』116頁参照）。

誕生日の祈り

私たちは、人生という旅路《たびじ》の始まり、「誕生の日」を大切にします。
一人ひとりのかけがえのない記念日――。
その始まりの日には、人生のすべてが内包《ないほう》されていました。
人が体験し、味わい尽《つ》くすことになる歓《よろこ》びと悲しみの芽《め》がすでに抱《いだ》かれた一日。
その第一歩に想いを馳《は》せましょう。

そのとき
私たちを心から待ってくれていた人たちがありました。
両親や家族――。
私たちをかけがえのない存在として
全幅《ぜんぷく》の信頼をもって

完全な愛情をもって
私たちに与えられた人生が全《まっと》うされることを願ってくれました。

それだけではありません。
私たちは誰《だれ》一人例外なく
魂としてこの世界に迎《むか》えられたのです。

たとえ、身よりがなく
厳《きび》しいだけの人生の条件を背負い
誕生を望まれていなかったように見える赤子《あかご》でも
魂願《こんがん》と使命を抱いた魂の新たな誕生を
世界そのものが待ってくれていたということ。
そして、あなたの誕生を祝福するもう一つの次元のまなざしが
いつも注《そそ》がれていたこと。

それを忘れないでください。
私たちの人生のすべてがそれを境《さかい》に流れ始めた一日。
「誕生の日」は人生に託《たく》された願いのすべてを
もう一度蘇《よみがえ》らせるとき
その原点を思い出してください。

*

自《みずか》ら自身のために

わたくしは○○年前の今日、この世界に生を享《う》けました。
魂に魂願《こんがん》とカルマを抱《いだ》き

人生の条件を覚悟《かくご》して
新しい人生の旅立《たびだ》ちのときに向かったのです。
その出発に込められたわたくしの願いを思い出させてください。
そのわたくしの旅立ちを祝福してくれた
両親、家族、縁ある方々、そして世界そのものの愛を思い出させてください。

わたくしの魂に刻《きざ》まれた願いと使命が
いきいきと蘇《よみがえ》りますように。
その願いと使命に向かって
新たに歩み出せるようにわたくしを支えてください。

＊

共に生きる魂のために

○○○○さんに祝福の光を注《そそ》いでください。

今日この日、○○○○さんは
この地上に生を享《う》けました。

魂に魂願《こんがん》とカルマを抱《いだ》き
人生の条件を覚悟《かくご》して
新しい人生の旅立《たびだ》ちのときに向かったのです。
その出発に込められた願いが切実に蘇《よみがえ》りますように。
その旅立ちを祝福してくれた
両親、家族、縁ある方々、そして世界そのものの愛が鮮《あざ》やかに蘇りますように。

お誕生日おめでとう。
そして、生まれてきてくれて、ありがとう――。
○○○○さんの人生が
その願いと使命に向かって弛《たゆ》まぬ歩みを深められるように
どうぞ、導《みちび》きの光を注いでください。

門出《かどで》のための祈り（新たな旅立《たびだ》ちのときに）

人生は新しい出発に満ちています。
就学《しゅうがく》や進学
就職や転職
独立や結婚
折々《おりおり》の節目《ふしめ》というばかりでなく
人が心に新しい生き方を決意したとき
それはすべて新たな門出なのです。

親友に出会ったとき
新しい価値にめざめたとき
人生の信条《しんじょう》を定めたとき

人生のテーマを感じたとき
天職を見出《みいだ》したとき
人はそれまでの人生とは異なる
清新《せいしん》な歩みを志《こころざ》します。

その新しい一歩には
未来のすべてが内包《ないほう》されています。
人は来たるべき未来の予感を秘《ひ》めて
渾身《こんしん》の意を注《そそ》いで新たな一歩を踏《ふ》み出すのです。

そして、そのようなとき
その歩みには必ず大いなる光が注がれていることを忘れないでください。

*

自《みずか》らのために

わたくしはこれより
新しいいのちを生き始めます。
新しい歩みを重ねてゆきます。
どうかこのわたくしの歩みを
お見守りくださいますように。

必ず
初心を貫《つらぬ》き
本心を守ることができるように

わたくしを支えてください。

＊

門出《かどで》を迎える魂のために

この魂（〇〇〇〇さん）の門出を
どうぞ祝福してください。
この魂（〇〇〇〇さん）が刻《きざ》もうとしている
新しいいのち
新しい歩みを
導《みちび》き守ってくださいますように。

この魂（○○○○さん）の願いが成就《じょうじゅ》するように
その歩みに光を注《そそ》いでください。

婚儀《こんぎ》のときの祈り

一切《いっさい》の源《みなもと》から
湧《わ》き出《い》でた無数の小さき流れ。
その小さき流れは
岩間《いわま》を過ぎ、滝と落ち、野を横切って、流れてきました。
何気《なにげ》なく、飄々《ひょうひょう》と流れてきたようで
岩にぶつかり、岸を削《けず》り、土砂《どしゃ》を運んできた流れ。
長い長い過去を背負ったその小さき流れの二《ふた》すじが
今、一《いっ》にして二《に》、二《に》にして一《いっ》の流れとなろうとしています。

今日、この日
新たなる門出《かどで》を迎える二人。

別々に生を享《う》けた二つの魂。
その道のりには
どれほどの歓《よろこ》びと哀《かな》しみがもたらされていたでしょう。
どれほどの壁《かべ》や困難が立ちはだかったでしょう。
それを背負いつつ、それを味わいつつ
それぞれの道を歩んできました。
そして、その度《たび》に
父母の愛、師の愛、友の愛、多くの人々の愛と力に
支えられ、見守られてきました。
生かされ生かされてきました。

一度の出会いでさえ
長き魂の歴史に比《ひ》すれば奇蹟《きせき》のような出会い。

万に一つの出会い。
そのように二人は出会い
すれ違う二人で終わらず
これからの人生を共に生きる伴侶《はんりょ》に選びました。

その家は
愛の基《もとい》
信の礎《いしずえ》。

いついかなるときも
忍《しの》び待つ心
信じ愛する心を忘れないでください。

家族となる魂たちは
その家が愛と慈《いつく》しみに満ちていることを、どんなに望んでいるでしょう。
そうなるように、ずっと祈ってください。
二人の契《ちぎ》りが魂の約束かどうか、それは
外から、誰《だれ》かによって証《あか》されるのではありません。
証《あかし》は二人によってなされます。
苦しいときも、つらいときも
いつどんなときにも
二人で共に歩いてゆくこと。
二人で共に背負ってゆくこと。
二人で共に支え合ってゆくこと。
二人で共に生きてゆくこと。
それが、その約束の、何よりの証ではないでしょうか。

違いを含《ふく》めた相手のすべてを
認め受けとめてください。
なりゆくものとしてのいのちを
愛し続けてください。

不安の嵐《あらし》の中に飛び込もうとも
退屈《たいくつ》な凪《なぎ》に出会おうとも
いかなる時と場にあっても
一番大切にしなければならないものを
二人で心を一つにして見失わぬように
そのいのちの出会いを絶《た》やすことなく続けてください。

＊

祝福の祈り

不壊《ふえ》の絆《きずな》によって結ばれた最良の友として
永遠《とわ》に歩み続けることができますように。
今日、このよき日に
新しき門出《かどで》を迎える二人を
限りない光で祝福してください。

共に助け合い励《はげ》まし合って
愛を与え合い、愛を深め合ってゆけますように。
この家庭が

真《しん》の父性《ふせい》と母性《ぼせい》の顕現《けんげん》の場となるように
導《みちび》いてください。

二人の家が
魂の故郷《ふるさと》として
慈《いつく》しみと愛に満ち溢《あふ》れた住処《すみか》となるように
光を与えてください。

どんな苦難や障害でも
背負い、乗り越えてゆけるように
二人のうちに
忍《しの》ぶ力、待つ力、信ずる力を常《つね》にあらわし見守ってください。

＊

誓《ちか》いの祈り

わたくしたち二人は
いついかなる時と場にあっても
互いを人生の伴侶《はんりょ》として認め
共に助け合い励《はげ》まし合って
慈《いつく》しみと愛に溢《あふ》れた家庭を築いてゆきます。

神よ
どうか、わたくしたちの行く手を
あなたの光で照《て》らしてください。

わたくしたち二人が
一つの道をどこまでも歩むことができるように
わたくしたちを支えてください。
わたくしたちを導《みちび》いてください。

老いを感じたとき

人生の秋。
気づいたときには
少しずつ多くのものを失う寂《さび》しさを味わわなければなりません。

体力の衰《おとろ》え。
眼《め》が見えにくく、耳が聞こえにくくなり
記憶力や理解力、知力の衰《おとろ》えも感じ始めます。
若い頃には造作《ぞうさ》なくできたことが難《むずか》しくなる。
自分が思うように行動することができなくなる。
断念すべきことの多くなる不安。
ますます速度を増す世相《せそう》の移り変わりから

自分だけが取り残される寂しさ。
失うものばかりに次々と気づいてしまう季節――。

けれども人は皆
その季節を迎えなければなりません。
無縁《むえん》に見える若い人も子どもたちも、時が流れ、日が経《た》てば
やがてあなたに続いて老境《ろうきょう》を迎えることになります。
あなたは少しだけ先に
その季節の中を歩んでゆくのです。

老いは、失うばかりの季節ではありません。
それは、人生にとって収穫《しゅうかく》と円熟《えんじゅく》の季節であり
最も深い次元、一人ひとりの霊性《れいせい》が花開くときなのです。

断念せざるを得ないものとの引き換《か》えのように
かつては手にすることのできなかった心境が生まれるときなのです。
良いときでもつらいときでも
人生の一瞬一瞬をいとおしむ想い。
光と闇《やみ》を抱《いだ》いた人間を、深く受け入れ、愛する想い。
バラバラにしか見えなかった出来事が
やがて意味をもって数珠《じゅず》のように一つにつながっていたことに目ざめる心。
眼の前の出来事に孕《はら》まれた本当の意味が、遠くから響《ひび》いていることを知る心。

長い道のりを辿《たど》ってきたからこそ
少しずつ確かに見えることができるようになるのです。
失うものばかりを追いかけるのでなく
訪れるものを澄《す》んだ心で迎えてください。

＊

わたくしに光を与えてください。
この季節にかつてない深みが
もたらされますように。

肉体の若さと引き換《か》えにしても
違いをもった人々をも愛せる心を
引き出すことができますように。

現実を眼《め》の前の効果だけではない
遠いまなざしで見守ることが

できますように。
深々《ふかぶか》とした陰影《いんえい》を刻《きざ》む
ありのままの世界を
愛する心が開かれますように。

光と影を伴《ともな》った
無数の経験の意味といのちを
成就《じょうじゅ》できますように。

見えない絆《きずな》に託身《たくしん》する場所に
わたくしを導《みちび》いてください。

臨終《りんじゅう》のときの祈り

人はみな
生まれ、生き、死んでゆきます。
誕生の門をくぐったからには
誰《だれ》もが必ず、死の門を通らなければなりません。
自《みず》らの死に向かい合わなければならないのです。

しかし、死は一切《いっさい》の終末《しゅうまつ》ではありません。
魂は永遠、生き通しです。
不生不滅《ふしょうふめつ》、連鎖湧出《れんさゆうしゅつ》の神理《ことわり》のままに
死はまた、新たな始まりなのです。
死は同時に、生命湧出《せいめいゆうしゅつ》です。

現身《うつしみ》を終えて霊《れい》にもどり
現世《うつしよ》を去って、新たに魂の世に向かうとき。

人生の物語。
あらゆる人生は
この青き星の上にともった一つの生命《いのち》の灯《ともしび》です。
その小さな灯が何を語ってきたのか
また何を語ろうとしてきたのかを
今、想ってください。
両親の思い出、出会った人々、大切な友人たち
結ばれた伴侶《はんりょ》、かけがえのない子どもたち
様々な出来事、苦しかったこと、つらかったこと、嬉《うれ》しかったこと、楽しかったこと、悲しかったこと

人生が辿《たど》った足跡《そくせき》、魂の道行きを想ってください。

人生を終えるとき
人はみな共に歩んだ魂に後を託《たく》して、魂の故郷《ふるさと》へ旅立《たびだ》ちます。
その旅に向けて、心の準備を整《ととの》えましょう。

あなたは孤独ではありません。
何も恐れることはありません。
その道行きには、必ず導《みちび》きがあるからです。
大いなる光がその旅路の導きとなることを忘れないでください。
ときには光そのものが
ときには光とともに親しかった知人や友人、家族の姿があらわれます。
その光を拠《よ》りどころに

その光に托身《たくしん》するように進んでください。
恐れを抱《いだ》いても
振動《しんどう》を感じても
めまいが起こっても
勇気をもって、眩《まばゆ》い光に従い
それと一つになるように進むならば
やがて出口があらわれます。

その場所で、あなたはしばらくの間とどまり、自らの生涯《しょうがい》を振り返ることになります。

人生の折々《おりおり》の節目《ふしめ》にあらわした受発色《じゅはっしき》*注――想いと行いと、その結果生まれた現実を思い出し、それらがいかなる光転《こうてん》・暗転を導いたのかを確かめてゆくのです。

その振り返りを終えた後に

あなたはあなたの魂の次元、あなたの境地に見合った、赴《おもむ》くべき世界に赴くことになります。

そして、やがて再び地上に生まれる日まで、魂の存在として時を過ごすのです。

そのすべての歩みに常《つね》に光の導きがあることを忘れないでください。

光に導かれ、光と一つになって歩むことを魂に刻《きざ》んでください。

*

大宇宙大神霊《しんれい》・仏よ

わが心に光をお与えください。

安らぎをお与えください。

あなたの光のうちに

わが魂を委《ゆだ》ねます。
わたくしを見守り、温《あたた》かく抱擁《ほうよう》してください。
わたくしのすべてをあなたの光で満たしてください。

不安を取り除《のぞ》き
悔恨《かいこん》を慰《なぐさ》め
動揺《どうよう》を鎮《しず》めてください。

現世《うつしよ》と常世《とこしよ》にかかる橋を
安らかに渡ることができますように
導《みちび》いてください。

大宇宙大神霊・仏よ

あなたの御手《みて》のうちに
わが魂のすべてを委ねます。
どうか、わたくしを受けとめてください。

（臨終《りんじゅう》を見守る方は、本人との出会いを想い返し、その魂が背負ってきたものを自《みずか》らが背負ってきたように想いを受けとめ、共に祈ってください。
臨終に際し、本人が祈りを口で唱《とな》えられないときには、周囲の人が代《か》わってその心を受けて祈ってください）

受発色

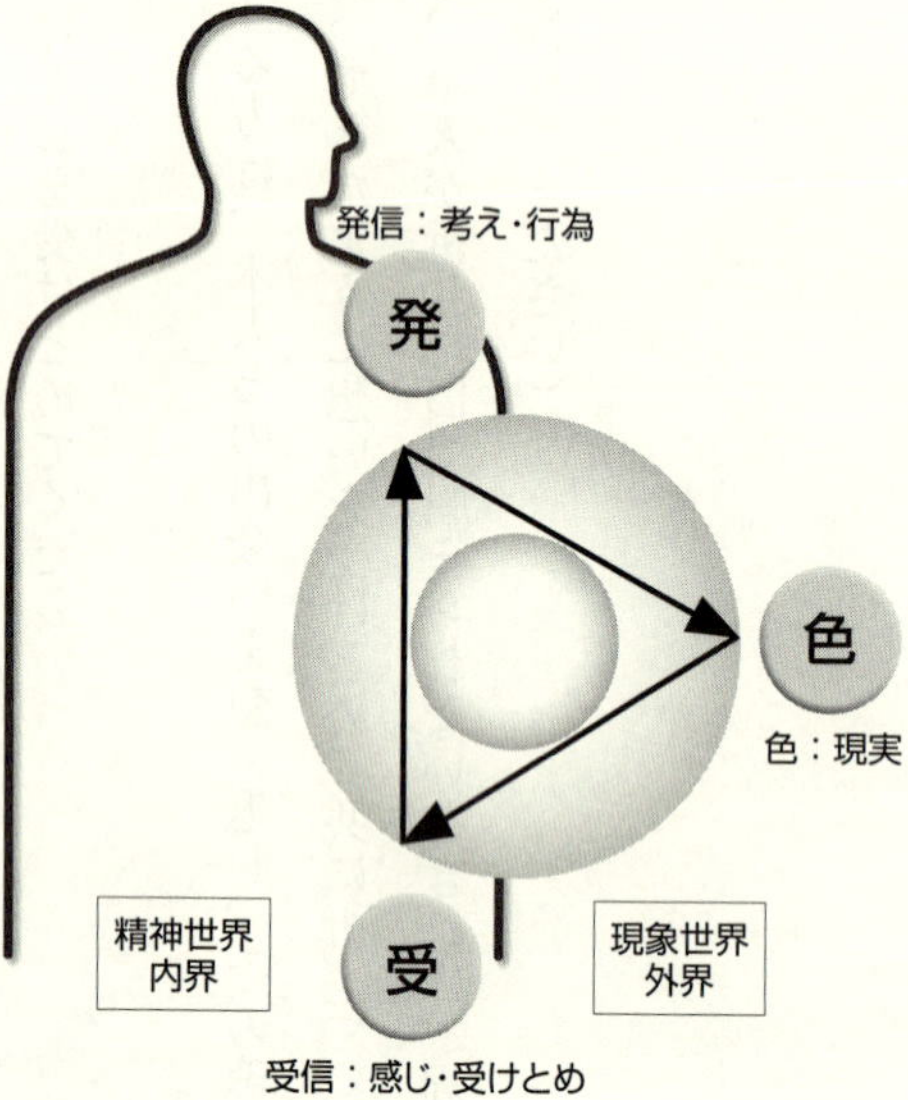

＊注　「受発色」――心のはたらきを示す。「受」とは、心の受信の機能。世界を感じ取り、受けとめる力。「発」とは、心の発信の機能。思い考え、意志して行動に現す力。「色」とは、仏教の言葉で、「現実」を指す（小著『あなたが生まれてきた理由』80頁参照）。

魂帰還《きかん》の祈り（臨終《りんじゅう》の後に）

人は誰《だれ》も一回生起《いっかいせいき》の人生を営《いとな》んだ後に
魂の次元に還《かえ》ってゆきます。
肉体を抱《いだ》く地上の時は、限られたものです。

魂としての存在が、その源《みなもと》の次元に帰還するとき
そこにはもともとの
祝福の光
安寧《あんねい》の光
深化《しんか》を導《みちび》く光が満ちていることを想ってください。

試練に満ちた人生を生きて

魂として帰還した
その存在の歩みを、愛をもって労《ねぎら》ってください。

魂の次元に戻《もど》ることは
大いなる輪廻《りんね》の原点回帰《げんてんかいき》。
かけがえのない経験である人生の一切《いっさい》を
心から振り返り、改めて味わい尽《つ》くすときです。
そこに大いなる存在・神の光が注《そそ》がれることを
祈り、念じてください。

*

帰還《きかん》した直後の魂に

神よ
○○○○さんは、今、魂としての帰還を果《は》たされました。
どうぞ、この魂をあなたの腕の中で抱擁《ほうよう》してくださいますように。
どうぞ、この魂の歩みを愛《め》でてくださいますように。
この魂に深い安息《あんそく》と平和が与えられ
これからのとき、その安らかさと静けさで満たされますように。

この魂が
地上の人生と生活の歩みを振り返り
そこから大切な深まりを迎えることができるように

どうぞ導《みちび》きの光を注《そそ》いでください。
再び地上の時を生きるときまで
魂の力を養い、智慧《ちえ》と境地の深化《しんか》を果たせるように
どうぞ導きの光を注いでください。

*

先立つ魂に

先立つ魂、○○○○さんよ
あなたは大いなる光の中で
深い安息《あんそく》と平和に浴《よく》してください。

そして
あなたの人生の秘密が明らかになりますように。

あなたが抱《いだ》いた人生の三つの「ち」（血地知）に想いを馳《は》せ、見つめてください。

あなたは両親（血）から何を受け継《つ》がれ、土地（地）から何を染《し》み込ませ、時代（知）から何を吸収したのでしょう。

人生の山谷《やまたに》をつくり、人生の節目《ふしめ》をつくった出会いと出来事を思い出してください。

その一つ一つの事件にあらわれた受発色《じゅはっしき》――想いと行いと、その結果生まれた現実はどのようなものだったのでしょうか。

無数の出会いと出来事が積み重ねられたあなたの人生――。

その人生を貫《つらぬ》いた願いと後悔とはいかなるものだったのでしょうか。

今改めて見えてくる果《は》たすべき願い、超えるべき後悔とは、どのようなものでしょうか。

人生を終えた今だから注《そそ》ぐことのできる魂のまなざしによって、人生の秘密を味わい尽《つ》くしてください。

神よ
どうか、この魂の歩みに
光を注いでください。
力を与えてください。

大切な人を失ったときの祈り

かけがえのない人との別れ
それは言葉に表すことのできない喪失感《そうしつかん》を人にもたらします。
私たちの人生の中で
両親や伴侶《はんりょ》、子どもや兄弟の存在
愛する人や親友の存在は思いもかけないほど
大きな位置を占《し》めているのです。

生きる気力が失《う》せ
心に空虚《くうきょ》な穴が穿《うが》たれ
虚《むな》しさの風が吹き込むとき

あなたが感じている寂《さび》しさや虚しさを
否定する必要はありません。
あなたが覚えている虚しさを
無理にごまかす必要もありません。
それは
その人のかけがえのなさの証《あかし》。
それだけ大切な関わりが営《いとな》まれたという証。
そのことを静かに噛《か》みしめてください。

そしてこのように思ってください。

大切な人は、魂として
今も私たちを見守っている。

今も私たちに語りかけ、はたらきかけている。

姿は見えなくても
声は聞こえなくても
その絆《きずな》は決して切れることなくつながり
私たちがはたらきかければ
必ずその魂に伝わってゆきます。

私たちがいきいきと生きることが
その魂の歓《よろこ》び。
私たちの気づきと発見が
その魂にとっての光。

その大切な関わりが
この世界と見えない次元を結んで
さらに深まってゆくことを念じてください。

*

わたくしの心に穿《うが》たれた虚《むな》しい穴に
光を注《そそ》いでください。
大切な人（〇〇〇さん）の魂に
光を与えてください。

この寂《さび》しさ、この虚しさが
見えなくても確かに息《いき》づいている

私たちの結びつきをさらに深めるものになりますように。

見えない次元に還《かえ》った
大切な人(〇〇〇さん)が
安心できるように
わたくしは人生を懸命《けんめい》に生きてゆきます。
どうか、わたくしの歩みが
この方の魂の歩みと連《つら》なりますように。
わたくしたちの歩みを導《みちび》いてください。

葬儀に臨《のぞ》んでの祈り

故人の想い出。
心の中にはちきれんばかりになっている様々な想い――。

微笑《ほほえ》んだ顔
ちょっとしたしぐさ
ふとつぶやいたこと
後ろ姿。

その一つ一つが故人と私たちをつなぐ絆《きずな》。
今にも後ろからその声が聞こえてきそうな、決して忘れられない想い出。

愛する者と別れなければならない苦悩、愛別離苦《あいべつりく》の現実。
いつかは別れることがわかっていても
別れは悲しいものです。

生前の故人との関わりが深ければ深いほど
悲しみは深く
故人を慕《した》う気持ちが強ければ強いほど
別れはつらいのです。
そして
別れがつらく悲しいのは、それが
かけがえのない出会いであったことを知っているからではないでしょうか。
そのよき出会いをもう一度、心全体で味わってみてください。
故人があなたに伝えてくれたこと

あなたが故人に伝えたこと
共に学び合い
共に生き合い
励《はげ》まし合い支え合ってきたことを
静かに思い出しましょう。
死を悼《いた》み、冥福《めいふく》を祈るとき
抱《いだ》けるだけの想いを抱いて
故人に向かい合うことです。

あなたの中に詰《つ》まっている
想い出とともに
今にも溢《あふ》れんばかりの
すべての想いをそのままに

心を込めて祈りを捧《ささ》げてください。

＊

大宇宙大神霊《しんれい》・仏よ
現身《うつしみ》を去り
霊の人となった、この方（〇〇〇〇さん）を温《あたた》かく迎えてください。
現身を去り
霊の人となったこの方を慈《いつく》しみ深く導《みちび》いてください。
この方（〇〇〇〇さん）は
あなたの子として

人生を歩みました。
苦しいときも
つらいときも
悲しいときも
迷いにあるときも
光を求め
真《まこと》の安らぎを求め
赴《おもむ》くべき場所を求めていました。
(ここで先立つ魂の、具体的な人生の歩みを語りかけてください)

この方(○○○○さん)が
魂として
赴くべきところに赴き

為《な》すべきことを為して
そこでまた
新たないのちを生きることができるように
支えてください。

この方（〇〇〇〇さん）が
現身における
一切《いっさい》の想いと言葉と行いとを
見つめ振り返り
全《まった》き調和へのよすがとすることができるように
とどまることなき光を
与え続けてください。

そして、自《みずか》らを許し、他を許し
一切がすでに許されてあることに目ざめることができますように。
○○○○さんが
愛と慈しみの光に満ち溢《あふ》れた
魂の故郷《ふるさと》で
永遠《とわ》の安息《あんそく》を与えられますように。

○○○○さん
あなたはよく生きられました。
よく歩まれました。
わたくしたちはあなたのことを決して忘れません。
心の友として
永遠《とわ》の友として

あなたのことを
わたくしたちの魂に深く刻《きざ》みます。
あなたが
再び現身の人となり
地上を耕《たがや》す魂として生まれる日まで
わたくしたち現身に生きる者たちを
温かく見守り続けてください。
強く励《はげ》まし続けてください。
厳《きび》しく叱咤《しった》し続けてください。

わたくしたちの魂が
眠りを貪《むさぼ》らないように
傲《おご》らず高ぶらないように

呼びかけ続けてください。

神よ
わたくしたちが必ず故人の遺志《いし》を
受け継《つ》いで生きてゆけるように
わたくしたちを見守ってください。
わたくしたちを導いてください。

供養《くよう》の祈り（供養行《くようぎょう》の歩みとして）

私たちは誰《だれ》もが例外なく、多くの助力《じょりょく》に支えられて生きています。共に生きる人々、自然界の無数の生命《せいめい》、そしてそれらのようには感覚器官では捉《とら》えることのできない存在やはたらきにも支えられています。

私たちの世界は、そうした見えない次元、永遠の生命の世界とも深く結びつきながら歩んでいるものなのです。

かつて現身《うつしみ》の時を送り、すでに肉体を離《はな》れた肉親や知人の魂が、感覚を超えて私たち自身と共にあることを想ってください。

親しかった魂の供養は、何よりも尊敬・感謝・愛の想いに基《もと》づいて、「絆《きずな》の再結《さいけつ》（結び直し）」と互いの「魂の成長と成熟」を願いとするものです。

ですから、かつてのように、親しく語りかけながら、想いを率直《そっちょく》に具体的にあらわすことが何よりもの供養になります。生存中のこと、旅立《たびだ》ってからの想い、自分自身のこれまでの歩み、想いの深まり、人生へのまなざしの深化《しんか》、気づきと発見……。そうした一つ一つが、見えない次元に旅立った魂にとって、何にも代え難《がた》い光をもたらすのです。

そしてそれは、先祖供養にもつながるものでしょう。

親しかった魂の供養も先祖供養も、その要《かなめ》は、自《みずか》ら自身が自らの生命を真実生きてゆくことにあります。自らが人生をひたむきに歩んでゆくことにあります。先立つ魂、神仏《しんぶつ》との「信と応《こた》え」に心を尽《つ》くすことにあります。自らの魂の修行に精進《しょうじん》することが、何よりの供養になるのです。

なぜなら、そう生きることを通じて、つながりのある魂に、私たちの心境の深まりが光となって伝わるからです。

そのように、人生において本当に大切なものを大切にして生きること自体が、肉体生命の先祖への報恩《ほうおん》感謝の行為にほかならないということです。すべての魂の遺志《いし》を受け継《つ》ぐことと、今を精いっぱいに生きることは一つのことなのです。

その基本を前提に、実際の供養行は三つの期間に分けて取り組んでください。亡くなられた魂のことを様々に思い出し、なつかしむ、心の同調回路《どうちょうかいろ》を開く第一の期間、同調回路を開いた上でその魂との関わりやその魂から受けた影響など自分自身の振り返りをする第二の期間、最後に自らの気づきや発見を基《もとい》に亡き魂に愛念をもって語りかける第三の期間です。その方の魂が真《しん》に癒《いや》され、願いに生きることができるように誘《いざな》わせていただくのです。

＊

大宇宙大神霊《しんれい》・仏よ

先立つ魂・諸霊よ（○○○○さん）
わたくし（たち）がこうして
現身《うつしみ》に生きることができることを
感謝します。

わたくし（たち）は
日々、自《みずか》らの道に精進《しょうじん》し
心と生活が調和に至《いた》るように努《つと》めます。
この日々が不動の志《こころざし》に貫《つらぬ》かれるよう
わたくし（たち）を見守ってください。

そしてそのわたくし（たち）の歩みから
魂の歩みの糧《かて》を受けとめてくださいますように。

魂の深化《しんか》の鍵《かぎ》を探し続けてくださいますように。

先立つ魂・諸霊よ（〇〇〇〇さん）
あなたの人生を形造《かたちづく》った三つの「ち」（血地知）――血筋・土地・時代からの
影響に改めて想いを馳《は》せてください。
人生の節目《ふしめ》を形成した事件を思い出してください。
あなたの人生を貫いた願いと後悔はいかなるものだったのでしょうか。

わたくし（たち）はあなたと過ごした日々を思い出します。
あなたの声、あなたの姿、あなたの行動、あなたのまなざし
現身を離《はな》れた今でも
その絆《きずな》が少しも変わることなく
否《いな》、ますます確かになりますように。

わたくしたちが共に歩んでいる事実をいよいよ明らかにしてください。

先立つ魂・諸霊よ（〇〇〇〇さん）
あなたは
常《つね》に迷うことなく
往《ゆ》くべき場所に赴《おもむ》いて
深き安息《あんそく》の中に安らいでください。
あなたと
現世《うつしよ》のすべての魂が
愛と慈《いつく》しみに満ちた光の中に
いつもあずかることができますように。

法要《ほうよう》のときの祈り（墓参《ぼさん》の折に）

かつて現身《うつしみ》の時を送り、すでに肉体を離《はな》れた肉親や知人の魂。そして、常《つね》に私たちを守護し指導する霊《れい》の存在が、感覚を超えて私たち自身と共にあることを想ってください。

見えない次元とのつながりを心に置いてください。

あなたがかつて親しかった方々の魂を心に呼び出してください。そしてその先立つ魂、諸霊と共に光を受けてください。

法要は、先祖供養《せんぞくよう》の習慣の一つですが、私たちは形式には深くとらわれず、その中にあるいのちを見取って、心を込めることが何よりも大切です。

それらがあまりに形骸化《けいがいか》しているからと言って、そのすべてを否定すべきではないでしょう。

例えば、わが国の仏教に基《もと》づく習慣では、初七日《しょなのか》、四十九日《しじゅうくにち》、一周忌《き》、三回忌、七回忌……と法要の機会が持たれます。そのように折々に設《もう》けられる法要の機会に、祈りの時を持ってください。

人生の振り返りが始まるときである初七日においては「魂帰還《きかん》の祈り（臨終《りんじゅう》の後に）」を、人生の振り返りが結ばれるときとなる四十九日には「供養の祈り（供養行の歩みとして）」を加えていただいても結構です。

今は亡き魂に対する親愛の想いと同時に、現身を生きる私たちの歩みの報告を念じてください。

先立つ魂、そして先祖の魂に対する感謝の念を忘れることがないように、見えない助力《じょりょく》に対する感謝を念じてください。

できる限り、自分の内なる感謝を具体的に、率直《そっちょく》に、謙虚《けんきょ》にあらわしてゆくことが大切です。

法要・墓参の祈りのいのちは、自《みずか》ら自身が自らの生命《いのち》を真実生きてゆくことにあります。自らが人生をひたむきに歩いてゆくことにあります。先立つ魂、神仏《しんぶつ》との「信と応《こた》え」に心を尽《つ》くすことにあります。自らの魂の修行に精進《しょうじん》することが何よりの供養になるのです。なぜなら、そう生きること、本当に大切なものを大切にすることこそ、肉体生命の先祖への報恩《ほうおん》感謝の行為の連続であるからです。そしてその歩みこそ、すべての魂の遺志《いし》を受け継《つ》ぐことになるのです。

先立つ魂、諸霊に想いを馳《は》せて祈ってください。

＊

大宇宙大神霊《しんれい》・仏よ
諸如来《しょにょらい》諸菩薩《しょぼさつ》　諸天善神《しょてんぜんじん》　守護・指導霊よ

この魂の安寧《あんねい》と新たな道行きに
光を注《そそ》いでください。
共なる道を歩むわたくしたちに
光を与えてください。

わたくしたちは
生かされる恩恵《おんけい》を噛《か》みしめ
日々自《みずか》らの道に精進《しょうじん》し
心と生活が調和に至《いた》るように努めます。
この日々が不動の志《こころざし》に貫《つらぬ》かれるよう
わたくしたちを見守ってください。

親愛《しんあい》なる魂・諸霊よ（○○○○さん）

わたくしたちの歩みから
魂の歩みの糧《かて》を受けとめてくださいますように。
魂の深化《しんか》の鍵《かぎ》を探し続けてくださいますように。

あなたは
常《つね》に迷うことなく
往《ゆ》くべき場所に赴《おもむ》いて
深き安息《あんそく》の中に安らいでください。

この○年（○カ月・○日）の実在界《じつざいかい》での時は
あなたにとっていかなるものであったでしょうか。
どうか、深められたあなたの想いを、わたくしたちに伝えてください。

わたくしたちは、自らの想い、自らの歩みをもって
供養《くよう》の時を重ねます。
あなたもまたなお一層
人生をよく振り返り
人生の秘密に深く分け入《い》ってください。

あなたの魂の歩みが確かに深まりますように。

あなたと
現世《うつしよ》のすべての魂が
愛と慈《いつく》しみに満ちた光の中に
いつもあずかることができますように。

光を受けるための祈り

あるがままの調和の世界に一致してください。光は、至《いた》るところに遍在《へんざい》し、満ち溢《あふ》れています。それを遮《さえぎ》る壁《かべ》はあなたの心にあります。その壁を取り除《のぞ》いてください。

人間は神から来《く》るいのちによって生かされています。このいのちが神の心のままにはたらくように想ってください。このいのちを伝え導《みちび》くのが光。そのいのちの場を満たすのが光。いのちのエネルギー、いのちそのものが光です。

私たちは、自《みずか》らの人生だけを想ってはなりません。生かされ生かされて流れてきたいのちの流れが、私たちの根《ね》を形成しています。しかし一方で、人類の業《ごう》は、この果《は》てしない流れに流れて私たちの中に注《そそ》ぎ込んでいます。
その力を決して侮《あなど》ることはできません。
この永遠を心に想ってください。
この永遠に根づいている一切《いっさい》の濁《にご》りの垣根《かきね》を取り除くのです。

＊

神よ
わたくしは一切《いっさい》をあなたの心に委《ゆだ》ねます。
わたくしは一切の時を神理《しんり》の道を歩みます。
わたくしは天地一切のものと一つになります。
日々歩みを振り返り、祈りの道を往《ゆ》きます。

濁《にご》りなき身に濁りなきもの寄り来《きた》る。
清き身に清きもの流れ入《い》る。

わたくしに光を与えてください。
わが心に光を与えてください。
わたくしを安らぎで満たしてください。
わたくしを愛と慈《いつく》しみで満たしてください。
すべての源《みなもと》なるいのちの力がわたくしに流れ入り
わたくしを通して世界にあらわれ出《い》でますように。

〔心行《しんぎょう》、祈《き》願文《がんぶん》、健康祈願、病気平癒《へいゆ》祈願──『心行』(GLA総合本部出版局)
──と併《あわ》せて、この祈りを深めてください〕

光を入れるときの祈り

この世界に存在するものは、すべて、眼《め》に見える現象《げんしょう》的な存在としてのみならず、眼には見えない高次のエネルギーの場に関わっています。

私たち自身が、肉体のみならず、心という高次のエネルギーの場を抱《いだ》いていることは確かなことです。もちろん、だからと言って精神に比《くら》べて肉体を軽んじることはできません。

身体《からだ》は身体としてのかけがえのないはたらきを抱いており、そのはたらきによって、この世・現象界に関わりが生まれ、営《いとな》みが生じているからです。

私たちは、生命《せいめい》の場であり、そこには、常《つね》に物質を超えたエネルギー、すなわち光が関わっています。存在（霊《れい》）の場にはその次元の、生命の場には、その状態に伴《ともな》ったエネルギーがあります。

調和の状態にあるとき、そのエネルギーは最も充実し、逆に、不調和や、妨《さまた》げがあると、エネルギーもその状態に呼応《こおう》しています。そのとき、身体の諸細胞・諸器官は、自《みずか》らはたらく力を十分には発揮《はっき》していません。

ここで言うエネルギー・光とは、東洋で昔から「気《き》」と呼んでいるものともつながる、現実的なはたらきを含《ふく》んだエネルギーです。心の調和から満たされるその光を導《みちび》き、受けることによって、まず心と身体の対立が鎮《しず》まり、氷解《ひょうかい》し、その両者が大いなるいのちの下《もと》に一つになります。

それぞれの抱いているはたらきが目ざめ、活性化し、本来の状態に導かれる場合があるのです。

もちろん、必要な場合には医師の手当てを受けてください。

光を入れることは、あくまで心と身体の調和の一助《いちじょ》を願う祈りなのです。私たちは、心身の不調を訴《うった》えている方と共に心を一つにすることによって、光を入れることができます。

ただ、あくまでも調和があっての光であることを心に置いてください。

まず、呼吸を整《ととの》えてください。

自然に在《あ》りて在るものの呼吸に合わせます。

自生《じせい》する一木一草《いちもくいっそう》、岩や石の寡黙《かもく》な呼吸に合わせてゆくこと
吐《は》く息《いき》を中心に意識してください。

大地の呼吸と一体化してゆきながら合掌《がっしょう》し、自らの心に光を受けてください。

自らが光を受けていることを念じます。そして、自分の周囲に満ちている光の妨げにならないように、迷いの垣根《かきね》を取り去ってください。

光を受けた身は、生命体として全機《ぜんき》しています。

手のひらに念を集中し、自分の存在を通じて「気」がそこに澱《よど》みなく流れてゆくように念じてください。

患部《かんぶ》及び光を必要とする部分に対して、わずかに離《はな》して手のひらを当ててください。

あなた自身は、ただ光を通す管《くだ》のようになって、自らを忘れ、心の中から自分の姿を消してしまってください。あなたはただ光の出口となるだけです。

自分が光を入れるのだという意識さえ、妨げになることがあります。

ひたむきに、身体、肉体細胞の全機を祈り、無心に光を送り続けてください。

光を受ける人と光を媒介《ばいかい》するあなたが、心を一つにすることが大切です。

魂と肉体の調和を心で念じてください。

心と細胞の一つ一つに向かって、本来のはたらきを為《な》すように語りかけてください。


あなたが光を入れるのは肉体細胞のみでなく、この方の心に安らぎを導くことでもあるということを忘れないでください。

*

すべては
生かされ
育《はぐく》まれ
見守られています。

わたくしを通じて愛と慈《いつく》しみをあらわしてください。
わたくしを通じてこの方に光を与えてください。
そのためにわたくしをお使いください。

この方（〇〇〇〇さん）の心と身体《からだ》が
自《みずか》ら全機《ぜんき》し

自ら調和をあらわすように
この細胞器官が
目ざめ、はたらくように
導《みちび》いてください。

〔心行《しんぎょう》、祈願文《きがんぶん》、健康祈願、病気平癒《へいゆ》祈願――『心行』（ＧＬＡ総合本部出版局）
――と併《あわ》せて、この祈りを深めてください〕

加護《かご》（守護）を求める祈り

人間はどんなに強そうに見えても
思うにままならない忍土《にんど》の現実に翻弄《ほんろう》される存在です。
世界が波立てば、一人ひとりは容易に揺《ゆ》れ動かざるを得ません。

忍土とは、心の上に刃《やいば》を乗せる厳《きび》しい現実世界。
いつ何時《なんどき》、何が起こっても不思議のない世界です。
いつ苦難が襲《おそ》い、試練にさらされるかわからない。
傷《きず》つけられ、大きな損害を被《こうむ》ることもないとは言えない。
そればかりか、自《みずか》らの意に反して加害者になることも避《さ》けられない。
世界の真実は、人間の無力さと弱さをあからさまにしているのです。

その世界に生きる私たちだからこそ
常《つね》に自らが心を尽《つ》くして生きるだけでなく
生かされてあることを想い
多くの助力《じょりょく》に支えられている自らを思い出すことが大切です。

何気《なにげ》ない一日に
大切な時と場に
災害のとき
危急のとき
試練のとき
挑戦のとき
遠出《とおで》のとき
無事を願うとき

天の加護を求めるとき

生かされている私たちのままに
大いなる存在に
諸々《もろもろ》の神仏《しんぶつ》に
助けを求め、加護（守護）を求めてください。
そして加護をいただいたことを感じたならば
必ず感謝の祈りを捧《ささ》げてください。

*

加護《かご》を求めて

大宇宙大神霊《しんれい》・仏よ
諸如来諸菩薩《しょにょらいしょぼさつ》　諸天善神《しょてんぜんじん》　守護・指導霊よ

わたくし（たち）の道行きに
光を与えてください。
わたくし（たち）の歩みに
力を与えてください。

今日一日
この時と場
本当に向き合うべきものに向き合うことができますように
本当に為《な》すべきことを為すことができますように
わたくし（たち）をお見守りください。

わたくし（たち）を助けてください。

たとえ
試練が降《ふ》りかかろうとも
それを確かに受けとめる勇気と力を授《さず》けてください。

＊

加護《かご》への感謝の祈り

大宇宙大神霊《しんれい》・仏よ
諸如来諸菩薩《しょにょらいしょぼさつ》　諸天善神《しょてんぜんじん》　守護・指導霊よ

わたくし（たち）に
加護（守護）の光と力を注《そそ》いでいただき
ありがとうございました。
このいのちをもって
必ず天命《てんめい》に応《こた》えることができるように努《つと》めてゆきます。
わたくし（たち）を支えてください。

危急《ききゅう》のときの祈り

何が起ころうとも不思議とは言えない、この忍土《にんど》の世界。
私たちのすべてを打ち砕《くだ》こうとするかのような運命が降《ふ》りかかるときがあります。
思いもかけない事態の中で、信ずべきものを見失いそうになることがあります。
不安と恐れに身体《からだ》の震《ふる》えが止まらなくなるときがあります。

そのような危急のときこそ
自《みずか》らを見失うことだけは避《さ》けなければなりません。
自らの中に流れ、すべてを支えている力を信じ続けなければなりません。
心が動転し、なかなか鎮《しず》まらないとき
ただ一すじの光を待って、何かにすがらずにはいられないとき次のいずれかの祈りを繰《く》り返してください。

＊

大宇宙大神霊《しんれい》・仏よ
わが心に光をお与えください。
安らぎをお与えください。

＊

われ、神と共にあり。
神、われと共にあり。

*

われ、今
一切《いっさい》の神光《しんこう》と和合《わごう》せん。
一切の霊智《れいち》を呼び出し
神の絆《きずな》をあらわさん。

大宇宙大神霊・仏よ
守護・指導霊よ
われに導《みちび》きを与え給《たま》え。
われに助力《じょりょく》を与え給え。

みちに祈る

祈りによって
ひとりのいのちが天のいのちとなる

みちに祈る

「みち」とは、新しい道であると同時に、悠久《ゆうきゅう》の時の流れのうちにまったく変わることなく続いてきた道を指しています。

世界を根底で支え導《みちび》いている大いなる存在・神の心を、少しでも地上にあらわそうとした魂の伝承《でんしょう》があります。神の心に応《こた》えようと、魂の誠実のきわみを尽《つ》くした人々があります。

かつて迷える多くの人々の魂を導いたブッダの足跡《そくせき》、傷《きず》ついた多くの魂を癒《いや》したイエスの足跡。そして彼らの心を想い、それに続こうとする人々の歩みは、まさにその伝承であり、「みち」——神の心を求める神理《しんり》の道にほかなりません。数え切れない名もなき魂の歩みが、その「みち」に続いています。

それはしかし、今も昔も眼《め》の前の道のように、あからさまに辿《たど》れるものではありません。世俗《せぞく》の欲望や野心《やしん》から離《はな》れるところから始まる道であり、個人の名誉《めいよ》や人々の称賛《しょうさん》とも一線を画《かく》す道です。

世に隠《かく》れて、ちょうど地下深くを流れる地下水流のごとき伝承なのです。透明《とうめい》で豊かな流れ、そして静かな道。苦難に遭《あ》おうとも、まごころをもって生きた人々が織《お》りなす、この見えない道の重みは、自《みずか》らの根《ね》を見失った現代社会の中では、いよいよその意義を増しているように思われます。

私たち人間がいかにすぐれた文明をつくり出そうと、いかに豊かな生活を送ろうと、この地下水の響《ひび》きを忘れたとき、一切《いっさい》のいのちへの反逆《はんぎゃく》となるのです。まごころの地下水をたずね求める「みち」を歩むのは、決して特別な人たちだけではありません。それは、地上に生を享《う》けた一人ひとり、あなた自身への呼びかけであり責任です。

変わらぬ地下水の響きを湛《たた》えた、その永遠《とわ》の時を想いながら、私たちは「みち」に祈ります。

呼びかけを受けとめるための祈り

思いもかけない事態があらわれ、動転しているとき
事態が明らかに新たな段階・新たな局面を迎えているとき
どんなに頑張《がんば》っても結果が低迷《ていめい》しているとき
世界から厳《きび》しい「ノー」（否定）を突きつけられたとき
取り立てて変化も問題も見えないが、事態が停滞《ていたい》しているように感じるとき。

「何もかも変わってしまった、どうすればいいのだろう」
「これから新しい段階に向かう、このままでいいのだろうか」
「今までのやり方でもできるけれど、それで本当にいいのだろうか」
「このままでは駄目《だめ》だ、何とかしなくては」
「先が見えない、不安で仕方《しかた》がない……」

そんな想いが様々に心の中を駆《か》け巡《めぐ》るとき――。

それは、明らかではなくても
「試練」が訪れているということでしょう。
現実の中で生きてゆく以上、誰《だれ》もが大小の「試練」を避《さ》けることはできません。
けれども、その「試練」は
あなたが
より深く生きるために
より強く生きるために
そして
より新しく生きるために
かけがえのない「呼びかけ」を運んできたのです。

あるいは、すべてが問題なく、滑《なめ》らかに静かに過ぎゆくようなとき——。
私たちの日常は、一見同じような繰《く》り返し、反復《はんぷく》に満ちているように見えます。
一日一日が訪れること自体が反復であり
月々、年々という区切りも反復と言えるものです。

けれども、その一日一日、月々、年々には
その時でしかない一回生起《いっかいせいき》の現実が常《つね》に刻《きざ》まれています。
今という時にしかあらわれない現実が
この世界にその証《あかし》を残し続けているのです。
今という時にこそ、託《たく》されている真実がある——。
私たちに向かって
世界は語り続けているのです。

この満ち満ちる「呼びかけ」に静かに耳を傾《かたむ》けてみましょう。

*

意識を鎮《しず》めて
心の沈黙《ちんもく》とともに
この時と場に耳を傾《かたむ》けます。

今、わたくしが何にもまして
知らなければならないこと
気づかなければならないことを
明らかにしてください。

どうか、わたくしに
世界が今、語りかけてくれているすべての声を
受けとめさせてください。

すべての存在の本来の重さを忘れることがないように
すべての出会いと出来事の本来の意味を侮《あなど》ることがないように
わたくしを導《みちび》いてください。

真《しん》に求めるための祈り

人は様々な関わりの場に生きています。

そしてその一つ一つの場で、あたかも別人のように振舞《ふるま》っているのです。

あるときは親として、あるときは夫として、子として、兄として、友として、あるときは上司として、部下として、人々はまったく別人のように行動しています。

それは社会にいて、立場というものがついてまわる以上、当然のことだという意見もあるでしょう。けれどもそればかりではありません。

変身と言うにふさわしく心と行いがまったく変わっているのです。

あるときは親切に振舞い、あるときは人をないがしろにしています。

同じ人たちに対して、あるときは同情し、あるときは蔑視《べっし》します。あるときは同調する人として振舞い、あるときは中傷《ちゅうしょう》します。

あるときは傲《おご》り高ぶった人であり、あるときは恐れおののく人になっています。自分の中に違う「私」を住まわせ、その時々に違う「私」を登場させ、そしてまったく異なるものを求めてしまう——。

その現実にあなたは気づいているでしょうか。

大切なものがその場その場で変わっている。三十分前の自分が大切にしていたものを今、捨てている。その時々の自分が他の自分を裏切っている——。

私たちは、その事実と向かい合わなければなりません。

そして、このことを思い出してください。

あなたは、本来どの場においても変わらぬ自分自身の姿を持っているのです。

そのあなた自身がいることを信じてください。

あなた自身として生きるために、本当に求めるべきは何でしょうか。

あなたが心の底で求めているものは何なのでしょうか。

あなたにとって本当に大切なものとは何なのか――。それを見えなくさせているものと訣別《けつべつ》するのです。

虚栄心《きょえいしん》、名誉心《めいよしん》、執着心《しゅうちゃくしん》、防衛心《ぼうえいしん》

敵愾心《てきがいしん》、依存心、恐怖心。

場当たり的な行動を生み出すこれらの心と自《みずか》らにおいて別れるのです。

そうすれば、大切なものははっきりしてくるでしょう。

できないことや問題をすぐ他人《ひと》のせいにしたり、障害の原因をすぐ外に見る傾《かたむ》きが人間にはあります。

かつて、イエスは「まず自分の目から梁《うつばり》を取り除《のぞ》け。そうすれば、よく見えるようになって兄弟の目のちりも取ることができるようになる」と言われました。

自分を深めた分だけ、外も見えるようになるのです。

魂が、霊的《れいてき》な眺《なが》めの中で大切にすべきことは一つ。
すべてが生かされるままに、その世界を味わい、さらに新しく、常《つね》に新しく、
生かし愛すること――。

鳥は大空を高く飛ぶために、自らの身を軽くしなければならず、そのために、
自らの食をできる限りつつましくします。
花は美しく咲くために、自らをたくましくせねばならず、そのために、地深く
根《ね》を下《お》ろし一途《いちず》に光を求めます。

本当に大切ないのちは一つ。
本当に大切な心は一つ。
その一つにつながっていれば
すべては

いきいきと
はつらつと
輝《かがや》き出す。
神の心に近づくこと。
慈《いつく》しみと愛に満ちた場所に還《かえ》ること。
神の心に住《じゅう》することを心に念じるのです。

貫《つらぬ》くものを抱《いだ》いてください。形と名、むなしいもの、はかないものへの執着《しゅうちゃく》を
捨ててください。
執着を振り切れないならば、永遠の生命《せいめい》に執着してください。

＊

他に生かされ
一切《いっさい》に生かされ
他を生かし
一切を生かす。

今、わたくしが
真《しん》に見出《みいだ》すべきことは何でしょうか。
真に求むべきものは何でしょうか。
それを
わたくしのうちにあらわしてください。

歩みを深める祈り１（忍土《にんど》の自覚を生きる）

生まれと育ちを背負い、様々な条件を抱《かか》えた人間が織《お》りなす世界――。
堪《た》え忍《しの》ぶことを余儀《よぎ》なくされる忍土。
各々《おのおの》の欲望と期待がぶつかり合い、各々の思惑《おもわく》と憶測《おくそく》が行き交《か》う、この忍土に
まごころをもって、その魂の誠実を生きようとする人は
多くの困難に見舞《みま》われることを避《さ》けられないでしょう。
人間が光と闇《やみ》を同時に抱え
不備《ふび》と理不尽《りふじん》さが避《さ》けられないこの忍土を生きる以上
現実は思うにままならず、問題は常《つね》に起こるものです。
その忍土において、私たちは互いの道を歩んでゆくのです。
その覚悟《かくご》を確かめましょう。

その途上《とじょう》、もし何かうまくいかないことが起こったならば
外を責《せ》める前に、内を見つめてください。
霊的《れいてき》な世界の眺《なが》めにおいては
どこかに、誰《だれ》かの心に、歪《ひず》みが生じていることを想ってください。
自我の根《ね》にこだわる執着心《しゅうちゃくしん》や名誉心《めいよしん》、虚栄心《きょえいしん》
他を責める不信感や敵愾心《てきがいしん》
他によりかかろうとする依頼心《いらいしん》、依存心――。
それらがあるからその事態が生まれていることをまず思い出してください。

この事態の解決は
それに関わる一人ひとりの再生、一人ひとりの生まれ変わりとともにもたらされるのです。

遙《はる》かな太古《たいこ》に源《みなもと》をもつ
神理《しんり》の大河《たいが》のことを想ってください。
決して変わることなく流れ続けてきた
澄《す》み切った地下水のことを想ってください。
混乱と理不尽さに満ちた世相《せそう》から深く退《しりぞ》いた
現象《げんしょう》の奥深くの魂の次元にはたらくものを感じてください。

＊

降《ふ》りかかる苦しみと哀《かな》しみの中で
巡《めぐ》り合うものをことごとくに
きわみを越えて大切にして貫《つらぬ》いた
魂の兄弟のことを思い出させてください。

まごころを忘れることなく
救世《ぐせ》の悲願《ひがん》を貫いた
幾多《いくた》の魂のことを思い出させてください。

わたくしも忍土《にんど》に生きる魂です。
たとえ、いかなる試練が訪れようと
その呼びかけを受けとめて生きることができますように。

わたくしが今
感じなければならないことは何でしょうか。
見なければならないこと、聴かなければならないことは何でしょうか。

わたくしは今日

委《ゆだ》ねることを知っていたでしょうか。
預《あず》けること、捧《ささ》げることを知っていたでしょうか。

わたくしは
清い一歩を示したいのです。
強い一歩を示したいのです。
簡素《かんそ》な一歩を示したいのです。
慈《いつく》しみと愛の一歩を示したいのです。

どうか
この忍土を真《しん》に生きるために
わたくしの心をひろげてください。
わたくしのこころの眼《め》が

決定的に開かれる瞬間を
与えてください。

歩みを深める祈り 2（愚《おろ》かさの自覚を生きる）

私たちの人生はどれも、紆余曲折《うよきょくせつ》を含《ふく》みながらの歩みです。

その日々は、様々な出来事にもまれ、揺《ゆ》れ動くことを避《さ》けることはできません。

なぜなら、私たち自身と私たちが生きているこの世界は、未熟《みじゅく》と不足を抱《かか》えざるを得ないからです。

魂願《こんがん》とカルマを抱《いだ》いて生まれ、三つの「ち」（血地知）という人生の条件である血筋・土地・時代からの影響に束縛《そくばく》される人々――。

その宿命によって、人は自《みずか》らの内に、未熟と愚かさを抱えることになります。

事態のすべてを捉《とら》えることはできず
心――受発色《じゅはっしき》（受信と発信、その結果としての現実）に歪《ひず》みを抱えるがゆえに
人が生み出す現実は常《つね》に暗転への傾斜《けいしゃ》を孕《はら》むのです。

その歪みと限界をもって、現実と接《せっ》しなければならない私たちは
常に、見誤り、判断を間違い、行動し損《そこ》なうという現実を抱えます。
そして、私たちが生きる世界は、そのような人間の集まりです。

「愚かさ」を抱える自分であることを忘れてはなりません。
「愚かさ」を抱くゆえに、多くの助力《じょりょく》に生かされていることを思うのです。

けれどもまた、どれほどの「愚かさ」を抱えようと
人は誰《だれ》もが、その人だけの存在理由を抱いていることも忘れないでください。

私たちが歩む道は、その途上《とじょう》で、あるいは曲がり角で
常に一つのもの、一つの場所に向かって、ひたすらに向かってゆく道です。
その道においては、迷いや不安や疑《うたが》い、苦しみや悲しみも、かけがえのない歩

みの糧《かて》にほかなりません。

普段《ふだん》の生活では、退《しりぞ》けられて当然のものが、確かに受けとめられるべきものとしてあるのです。

無意味、偶然は、外的な世界の言葉であって内的生活、神理《しんり》の道にはないからです。

降《ふ》りかかるもののすべてが大いなる存在・神の呼びかけであり、仏の慈《いつく》しみのしるしです。


未熟や不足、そして愚かさを抱えながら私たちが歩む神理の道、愛と慈しみの道は果《は》てしなく続いています。

心を見出《みいだ》し、心を実感し、心を建て直す道。

自らに目ざめ、自らを耕《たがや》し、まことの自らに還《かえ》る道。

自然の世界からはじまり
やがて、利害を超え、善悪を超えた
もう一つの調和、もう一つの美と平和を示す世界に参入《さんにゅう》する道。

一人ひとりの内に、そしてあなた自身の内に
この道が開かれていることを想ってください。

*

愚《おろ》かさを抱《いだ》くゆえに
心を尽《つ》くし
畏敬《いけい》の念をもって

生きることができますように。

そして
今日この日が
この一瞬一瞬が
この巡《めぐ》り合いが
未完《みかん》の人生の頂《いただき》となりますように。

あるいは苦しみに砕《くだ》かれて
あるいは恐れにふるえながら
修羅《しゅら》のように歩まねばならぬ
人々よ

この、ただ一つの人生が
誘《いざな》われて導《みちび》かれて
ひそやかに
内なる深まりを迎《むか》えることができますように。
そして
声高《こわだか》に叫ぶ必要もなく
高ぶることなど忘れてしまい
平凡な風景の中に溶《と》けてゆきますように。

自《みずか》らの愚かさを決して忘れることなく
愛すべき人を愛し
信ずべき人を信じ
背負うべきものを背負い

往《ゆ》くべき道を歩むことができるように
わたくしを導いてください。

歩みを深める祈り 3（恩恵《おんけい》の自覚を生きる）

人間がただ生きるというだけで
そこに注《そそ》がれている助力《じょりょく》の何と大きなことでしょうか。

人々の助力
自然の助力
宇宙摂理《せつり》の助力に
私たちが常《つね》に支えられて、今あることを想ってください。

そして、見えない次元の助力に
私たちが常に支えられ、導《みちび》かれてきたことを想ってください。
いつもその「恩恵」のことを想ってください。

神理《しんり》の道を歩むことは
私たちがこの世界からいかに愛され、支えられているかを見出《みいだ》す道のりにほかなりません。
そして、その「恩恵」を自覚するとき
私たちは自《みずか》らが真《しん》に応《こた》えるべき道に導かれるのです。
その限りない深みを心に想ってください。

*

わたくしの「今」が
多くの助力《じょりょく》によって導《みちび》かれてきたことを思い出させてください。
わたくしの「未来」が

多くの助力によって支えられてゆくことを思い出させてください。

支えられた力によって
与えられたものによって
わたくしは「今」を生きています。

ですから
わたくしは
自《みずか》らを与え、他を支えることを
その応《こた》えとします。
どうぞ、そのことをわたくしが忘れずに歩むことができますように。

与えられ

注《そそ》がれる愛をそのまま
巡《めぐ》り合う現実に
巡り合う存在に
具体的に注がせてください。

大自然・生きとし生けるものへの祈り

私たちは誰《だれ》もが、自然の中に、自然の上に一人ひとり生かされ続けています。

この原則、神理《しんり》を離《はな》れて、人は決して生きてゆくことはできません。

樹々《きぎ》や森に支えられ、大地に支えられ、河や海に支えられて、人々は生活を営《いとな》みます。

しかし、人間はしばしば、自然を知り尽《つ》くし、征服《せいふく》し、利用できると考え、行動してきました。

人々は自然を自分の外に見、切り刻《きざ》むことのできる存在とみなしてきました。

人間の文明は、歴史は、その積み重ねです。

その結果が、今、様々な形であらわれてきています。

環境破壊、砂漠化《さばくか》、食糧危機、資源の枯渇《こかつ》……。

私たちはこの事実をどのように受けとめているでしょう。

自然は、私たちの前に神秘《しんぴ》そのものとしてあります。自然を知ることができたと思ったとき、それ以上の神秘が立ち現れているのです。

自然は、巨大な一つの生命《せいめい》。
生きようとする意志を持ち
調和そのものとしてあり続ける生命。

ここでは
あなたは、あなた自身の生命の根《ね》を想ってください。
そして確かめてください。
あなたは、言葉以上に、現実に
大地から生まれ、海から生まれてきたのです。

心は社会。
からだは地球。
心が多くの見方や考え方を吸収し学んで自《みずか》らを形造《かたちづく》ってきたように
からだは地球に在《あ》るもの、生けるものに供養《くよう》されて自らを形造ります。

小石を一つ手に取って見つめてください。
宇宙の造化《ぞうか》の神秘をこの石に想ってください。
一木一草《いちもくいっそう》の姿をながめてください。
捧《ささ》げ尽《つ》くすいのちの姿をそこに想ってください。
野に咲《さ》く花の輝《かがや》きを想ってください。
鳥獣虫魚《ちょうじゅうちゅうぎょ》の様々な意匠《いしょう》、この姿形《すがたかたち》を心に置いてください。
一つ一つ、一人ひとりのかけがえのないはたらきをそこに想ってください。

あなたは
今日、大地を踏《ふ》みしめたでしょうか。空を仰《あお》いだでしょうか。
その自然に対して、感謝の念をあらわしたでしょうか。
私たちは、一人ひとり
この限りなき生命の一部なのです。

*

大地の如《ごと》く
大地に営《いとな》む。

自然の中に
自然と共に

自然によって
生かされ生かされる
今日このとき
決して生きとし生けるものの
在《あ》りとし在るものの
かけがえのなさを忘れないように
わたくしの心深く刻《きざ》んでください。

大地に手を合わせ
天に手を合わせ
一切《いっさい》に手を合わせ
このいのちの流れにつながって
生きてゆきます。

畏敬《いけい》の祈り

神理《しんり》の道を歩む
魂の基調《きちょう》は畏敬という感情です。
畏敬の念を抱《いだ》いているかどうか
その一点によって、あなたの辿《たど》る道はまったく違ってしまうのです。

一人ひとりの存在
恵《めぐ》まれる出会いと出来事
そのいずれであろうと
私たちに把握《はあく》し切れるものではありません。

野に咲く花、空飛ぶ鳥の美と平和

出来事、出会いに託《たく》された意味
一人ひとりの存在の内なる尊厳《そんげん》
それらはみな
人間の思量《しりょう》を超えたもの
計《はか》り知れない神秘《しんぴ》が湛《たた》えられているものです。

そのあるがままの尊《とうと》さを畏《おそ》れと敬《うやま》いをもって受け入れる心、それが畏敬です。

自分が見ているものがすべてではない
自分にはつくれないかけがえのなさがあるという想い。
そして、すべての生命《せいめい》と出来事を支える大いなる存在に比《ひ》して
いと小さきものとしての自覚。
それは、神秘の小径《こみち》を歩もうとする魂が

どうしても携《たずさ》えなければならない想いではないでしょうか。
計り知れない神秘を心の全体で受けとめてください。

＊

遙《はる》かな永遠《えいえん》の流れを引き継《つ》ぎながら
まったく新しい存在として
立ち現れた生命《せいめい》の神秘を想います。
一人ひとりが引き受けた業《ごう》と願いの重さを想います。
一つ一つの出来事に託《たく》された呼びかけの深さを想います。

すべての存在が
本来の重さを尊《とうと》ばれますように。

すべての出会いと出来事が
本来の意味を尊ばれますように。

いかなるときも
いかなる場においても
すべての存在の担《にな》い切れない重さを忘れることがないように
そこに秘《ひ》められた呼びかけの意味を侮《あなど》ることのないように
わたくしに目ざめを与えてください。

同伴者《どうはんしゃ》としての祈り

人は常《つね》に「共に生きる」存在です。

独《ひと》りで生まれ、独りで死んでゆく、その間は、数え切れない、他の存在との関わりを通じて過ごしてゆきます。

すべての歓《よろこ》びと苦しみと哀しみが「共に生きる」事実の中に孕《はら》まれているのです。

独り在《あ》るものなく生《しょう》じるものなく
独り成《な》るものなく滅《めっ》するものもない。
私たちはこの神理《しんり》を深く味わわなければなりません。
私たちが人生を終えたとき

共に生きたことの歓びが魂の最も深くに刻《きざ》まれるように
共に歩む者としての祈りを捧《ささ》げていたいと思います。

未熟《みじゅく》だらけの人間
不備《ふび》だらけの世界には
様々な苦悩と悲劇が立ち現れます。
貧しさや病《やまい》、争いの中に苦しむ立場を持たない人々、虐《しいた》げられている人々が、常に、事実として、この世界に生活しています。
そのような人々を私たちは、共に生きる者としてどのように想い、どのように受けとめることができるでしょうか。その人たちと共に、どのように生きることができるのでしょうか。
苦しみと悲しみは、いつも誰《だれ》かのそばにあります。
それをいつも噛《か》みしめることを忘れたくありません。

たとえ遠く離《はな》れた人々の痛みであっても、それを切実に感じることができるでしょうか。見えないところで苦難の道を歩んでいる人たちと共に、その傍《かたわ》らを歩むことができるでしょうか。

「私ではなく、なぜあなたが？」という問いを胸に秘めていたいのです。

同伴者として、共に生きる人々を常に心に受けとめてください。

*

いかなる違いがあろうと
その違いを超えて、一つである魂の根《ね》を思い出させてください。
人々の歓《よろこ》びをわが歓びとし
人々の痛みをわが痛みとするまごころ

そのまっすぐな心を開くことができますように。
そして
見えないところで生まれている
数々の痛みを感じ取ることができますように。
絶《た》えず生じてくる人間の悲苦に
応《こた》え得《う》る智慧《ちえ》と力を与えてください。

縁友《えんゆう》への祈り

人は人と出会うことによって人となる――。
人は皆、多くの出会いに支えられて生きています。
数え切れないほどの縁《えにし》のお蔭《かげ》によって
私たちは成長し、生きる意味も深めてきました。
歓《よろこ》びも悲しみも、その出会いと共にありました。
その一つ一つのつながりが、かけがえのないもの。
「もしこのとき、この人と出会わなかったら、今の私はない」と言える出会い
ではないでしょうか。

同伴者《どうはんしゃ》となりゆこうとする人々に向けて、このことばを贈ります。

大きな耳
小さな口
遙《はる》けきまなざし
よく働くからだ

簡単なようでむずかしく、単純なようで奥深いこのことばを、心に置くことを忘れないでください。

自分の心の中に、自分と相手の対話をあらわしてください。心の中で相手が語ることを想い、あなたはそれを受けとめ、語り合ってください。

＊

縁《えん》をもった魂への祈り

この出会いを与えられたことの呼びかけは何でしょうか。
この縁に結ばれたことの意味は何でしょうか。
それをわたくしの心のうちに明らかにしてください。

この魂（○○○○さん）が
自《みずか》らの人生を全《まっと》うし
少しでも人生の目的に近づくことができるように
その使命を果《は》たすことができるように
支えさせてください。
その助力《じょりょく》が叶《かな》うように
わたくしを導《みちび》いてください。

*

父母への祈り

父に感謝します（お父さん、ありがとうございます）。
母に感謝します（お母さん、ありがとうございます）。
あなたたちがいて、今のわたくしがあります。
わが父母を敬《うやま》い、愛し
子としての道を尽《つ》くして祈ります。

わたくしを生み育ててくれた
両親に光を与えてください。
両親が光に満ちた道を歩めるように導《みちび》いてください。

＊

子への祈り

わが子を助け愛し育《はぐく》み
親としての道を尽《つ》くして祈ります。

わが子に光を与えてください。
わが子が
健《すこ》やかに
たくましく
愛に満ちた人となるように

支えてください。

*

伴侶《はんりょ》への祈り

わたくしは心を込めて祈ります。
わが妻（夫）を敬《うやま》い愛し
妻（夫）のよき助け手となるように努めます。

いついかなるときもわたくしと共にある
わが妻（夫）に光を与えてください。
順境《じゅんきょう》にあっても逆境《ぎゃっきょう》にあっても

共に語り合い
共に支え合ってこの道を歩んでゆけるように
わたくしたちの家庭を支えてください。

*

友への祈り

友よ（〇〇〇〇さん）。あなたに巡《めぐ》り合えたことを何よりも歓《よろこ》びとして祈ります。

わたくしたちの友情を導《みちび》いてください。
わたくしたちは共に

互いに心から語り合い、助け合い、尊敬し合います。
絶《た》えず、より深い一致に心を向けてゆきます。

わが友に光を与えてください。
わが友が
いかなる時と場にあろうと変わることなく
真《まこと》を求め、まごころを尽《つ》くして
歩み続けることができるように支えてください。

愛を深める祈り

愛と慈《いつく》しみの道において
あなたはあなた自身を愛満《あいみ》たす器《うつわ》とすることができます。

自然のすがたを眼《め》を開いて見てください。
あらゆる存在は
どれ一つとして
この存在理由をこわされず
大切にされています。
きわみまで大切にされています。
あなたもまたその中に生かされています。
在《あ》りて在る世界のそのままに

あなたが愛されているように
他を愛することを想ってください。

人は
自由意志を与えられました。
それによって、自《おの》ずからあるものがそのままでなく
そのままから思いがけず開かれます。
愛もまた深められるのです。

常《つね》に新しくされる愛のいのち。
新たな出会いに
いのちの花をひらかせる愛。
その愛のきわみのすがたを

救世《ぐせ》の悲願《ひがん》を貫《つらぬ》いた魂に学びましょう。

彼はことごとく
出会ったものを大切にしました。
出会ったことを大切にしました。
出会った人を大切にしました。
きわみまで大切にしました。
きわみを越えて大切にしました。

それはそのまま
衆生《しゅじょう》に法を説《と》き続け、多くの弟子を見守られたブッダの姿です。
弱き人々を抱擁《ほうよう》し、弱き弟子たちを愛されたイエスの姿です。
そのきわみを越えた慈しみと愛に
あなたの心をいつも重ね合わせてください。

怒り、誇《そし》り、妬《ねた》み、僻《ひが》む心
傲《おご》り、欺《あざむ》き、疑《うたが》い、愚痴《ぐち》り、怠《おこた》る心を
本当に癒《いや》すのは
慈しみと愛の力をおいてほかにはありません。

慈しみと愛があなたを通ってすみずみに沁《し》みわたるように
あなたは濁《にご》りの壁《かべ》を取り払《はら》って、自《みずか》らを透明《とうめい》にしてください。
あなたの信仰の光からすべての不純《ふじゅん》な光を取り除《のぞ》いてください。
一切《いっさい》の自我《じが》の匂《にお》いから、あなたの身を遠ざけてください。

あなたの心には
すでに種《たね》が蒔《ま》かれています。

その種は
無限の時と場を超えてやって来られた神が
わが子であるあなたの上に蒔かれたのです。
ですから、確かに
あなたは、かつて一度神と出会っているのです。
そして
今は待っています。
あなたは
待っているのです。
あなたが気づこうと気づくまいと
無限の時と場を超えて
今度は
あなたが往《ゆ》くときを。

必ず
あなたの魂が本当に愛する日が来ます。

＊

わたくしに
新しい心を与えてください。
新しい眼《め》を与えてください。
わたくしの内なる
濁《にご》りの垣根《かきね》を取り去ります。
わたくしに
大いなるながめをください。

光に出会い
光に導《みちび》かれて
広き海原《うなばら》に出たいのです。

あらゆるものを抱擁《ほうよう》して
一つに結び
このままが調和であり
そのままが自在であり
無限のものがそこへと常《つね》に流れてゆく
慈《いつく》しみと愛の海に
すべてを委《ゆだ》ねさせてください。

あるときはひたすらに

静かに見守り続け
あるときはあくまでも
前進し、突入《とつにゅう》し、関わり合い
全身全霊《ぜんしんぜんれい》をもって
わたくし自身を慈場《じば》と化《か》すことができますように。

信を深める祈り

信仰を深めるとは、決して強引《ごういん》に「信じなければならない」と自分に言い聞かせることではありません。信じることに対する嫌悪《けんお》や懸念《けねん》もすでに、その道の上のことだからです。

信仰を深める歩み――。

それは、自分が体験する様々な出会いや出来事を常《つね》に自分の信仰の光の中にながめてみることから始まります。

その光の下《もと》では、現象《げんしょう》は、単なる現象にとどまりません。

現象的に見れば意味のはっきりしていること、成功か失敗か、得か損か、価値があるかないかで、人々の生活は一喜一憂《いっきいちゆう》を繰《く》り返しています。

出来事が良かったか悪かったか、そのときだけの判断で時を過ごしてしまうことは現象的な生活。物質的な効用《こうよう》に傾《かたむ》いてゆく心がそこには必ずあらわれます。

自分が今まで身につけてきた快苦・利害の分類箱を駆使《くし》して出会いや出来事の値《あたい》を計《はか》ってゆく……。

しかし、ただそれだけにはとどまらない生き方があります。

信仰の道はその一つの典型《てんけい》でしょう。

自分にとって良いこと、快につながることが起こったら、信仰が深まるわけではなく、自分にとって嫌《いや》なこと、苦につながることが起こったからと言って、信仰が弱まるわけではありません。

良いとか悪いとかの出来事の快苦を越えて、その魂が一体そこから何を見出《みいだ》し、何を学ぶかということ、それが信仰の道を深めてゆくということです。

たとえ、失敗や損害や無価値に見える出来事でも、自分の心の状態やあり方に対して、何か、そのとき気づかなければならないことを見出せるのです。信仰の光の中ではこのように、出会いや出来事を自分自身に深く関わるものとして受け取ります。

すべての出来事は、常に私たち自身に対する呼びかけを含《ふく》んでいるものだからです。その呼びかけを大事に受け取る心があるかどうか。それが、信仰を深める鍵《かぎ》なのです。

もちろん、呼びかけの中に自分の思い込みを、無理やり含めて解釈《かいしゃく》することのないように心してください。人間は、自分の都合《つごう》に合わせて現実を見がちです。判断が早急《そうきゅう》に必要な場合でも、判断は判断で行い、もう一つの眼《め》を持つこと。結論を急がず、見えないものが、何かのしるしを伴《ともな》ってあらわれてくるのを待つ眼を――。

そして、その歩みの中で、現実に証《あか》されるものを私たちの魂は信仰の道に刻《きざ》んでゆくことになります。世界を支える不壊《ふえ》の絆《きずな》をますます確かにしてゆくのです。

信ずることは、眼を閉じてしまうことではありません。

信ずることは、眼を開くことなのです。

*

一切《いっさい》を唯一《ゆいいつ》と見る眼《め》をください。
一切を唯一と感ずる心をください。
この出会いに見なければならないものは一体何でしょうか。
この出来事に聴かなければならないものは一体何でしょうか。
一瞬一瞬の呼びかけを確かに受けとめることができますように。

わたくしを導《みちび》いてください。
すべての出来事に神理《しんり》の呼びかけを聴きます。
すべての出会いに神理の顕現《けんげん》を見つめます。
その神秘《しんぴ》をわたくしに味わい尽《つ》くさせてください。

絆《きずな》を深める祈り

それぞれに人生を歩む人々
偶然に起こってゆく出来事
バラバラに別々に見えるこの世界
けれどもそれらはすべて深い絆に結ばれているのです。

人と人
生命《せいめい》と生命
人と自然
人と宇宙を結び合う見えないつながり。

そのつながりがあるからこそ

あなたは今、息《いき》をし存在することができます。
あなたの人生はかけがえのないものとして織《お》りなされてゆきます。
あなた自身の内に無数の絆が息づいているのです。

同じ時と場を共に生きるというだけで
それはすでに奇蹟《きせき》のような出会いです。
なぜなら、何十億、何百億という歳月《さいげつ》と
数限りない場所の一点に出会っているからです。

あなた自身に訪れる出会いの一つ一つ
一回の出会いが
偶然を超えた深い縁《えにし》のしるしなのです。

親子、兄弟、夫婦、親戚《しんせき》、友人、知人、隣人
その当然のようなつながりの不思議を改めて心に想ってください。

今起こっている出来事の呼びかけを想ってください。
いきさつはどうであれ
織りなされてきたあなたの人生の不思議を考えてください。
そして、それらすべての絆、すべての縁《えにし》を
背後から支えている大いなる存在のことを
心に置いてください。

私たちは
誰《だれ》一人この絆の源《みなもと》から切り離《はな》される人はいません。
私たちは、家族を通じ家族を超えて

この源とつながっているのです。
私たちは、自然を通じ自然を超えて
この源とつながっているのです。

あなたがそれを忘れようと
それに背を向けようと
見えない絆は壊《こわ》れることなく
私たちを宇宙そのものと強く結びつけているのです。

*

見えないがゆえに疎《おろそ》かにしがちなつながりのことを
どうか

思い出させてください。
触れることができないゆえに信じ難《がた》くなる見えない絆《きずな》を
確かにしてください。

人々の中で孤独に陥《おちい》り
宇宙の中の小さな主宰者《しゅさいしゃ》になろうとするこのわたくしに
見えないつながりを見る眼《め》をください。
見えない絆を知る心を与えてください。

わたくしは、自《みずか》らを開きたいのです。
決して失われることがなく
決して壊《こわ》れることのない
永遠《えいえん》の絆がわたくしの中に結ばれていることを明らかにしてください。

神との絆《きずな》を深める祈り

神理《しんり》の道を歩むことは
出会いを恵《めぐ》まれた私たち一人ひとりが
世界を深く愛する道のりです。
そしてそれは、私たちが
この世界からいかに愛され、支えられているかを見出《みいだ》す道のりであり
結局、私たちと世界そのもの――大いなる存在・神とのつながりを
確かなものに深めてゆく果《は》てしない歩みなのです。

その限りない深みを心に想ってください。

*

神よ
神理《しんり》の道を歩み始めた人々の心の中には
すでにあなたの光があらわれています。
かつては頼《たよ》りなかったあなたとの絆《きずな》も、少しずつ確かなものとなっています。

この道で、わたくしたちの歩みが閉ざされるときは
わたくしたちの生命《いのち》が潰《つい》えるとき。
そのときはどうぞ、わたくしたちを受けとめてくださいますように。
けれども、そのときが来ようと
わたくしたちは、わたくしたちの後ろから、人々が続くことを知っています。

それらの魂にすべてを委《ゆだ》ねて

今日、この巡《めぐ》り合いを
一回生起《いっかいせいき》の時と場を
心を尽《つ》くして生きることができるように
わたくしたちを導《みちび》いてください。

どんなに見事《みごと》に見えたとしても
どんなに飾《かざ》り立てられていても
自分の夢しか抱《いだ》かぬ者
自分しか心にない者は
無明《むみょう》の深い闇《やみ》や根《ね》をもたぬ善《ぜん》らしきもの
反逆《さからい》のかなしみしか生み出しません。
本当に大切なものを見つめさせてください。
神の心が地上に自《おの》ずからのように行われるように

すべての二義的《にぎてき》なものへの執着《しゅうちゃく》と別れさせてください。
決して人間的な願望や野心《やしん》にほだされないように
己心《こしん》の魔の諸々《もろもろ》の誘惑《ゆうわく》に負けないように
わたくしの心を清くし、強めてください。

あるがままの世界を受け
いのちの営《いとな》みを受け
その大地に
本当に根づかせてください。
すべての希望を真《まこと》と善《よ》きことと美に注《そそ》ぎます。
ひたすらに注ぎます。

まことの光
まことのいのち
まことの悟《さと》りへの導きを与えてください。
そこに至《いた》る道がいかに遠くても
そこに沈《しず》みゆく闇がいかに深くても
そこに歩み入《い》ってゆく勇気をください。
それを引き受ける強さをください。

人生を受納《じゅのう》するための祈り

どうしても認め難《がた》い。
思い出すのも嫌《いや》で、忘れたいことばかり。
それどころか、他人《ひと》に知られるのが恐い。
惨《みじ》めな過去など消し去りたい……。

生まれ育ちや自分の過去に、深い痛みを抱《かか》えている人は少なくありません。
しかし、私たち人間は誰《だれ》も、過去を前提に、現在を生きて未来に向かうのです。
たとえ、受け入れ難い過去であっても
それに背を向けて向き合うことができなければ
人は、それだけ大きな不自由と歪《ひず》みを抱え込むことを
覚悟《かくご》しなければなりません。

私たちが生きる世界には、不平等という条件がつきものです。
人生の前提条件とも言える「生まれ・育ち」からして
平等とはほど遠い現実があります。
家柄《いえがら》や家族、財産、もって生まれた才能や容姿《ようし》……。
それらの違いに満ちているのが人生です。
しかもその条件を
人は決定的なものであるかのように受けとめて人生を始めます。
生まれた時代も場所も、両親や家族も、気づいたときには決まっていて
各々《おのおの》の人生そのものが、大きく左右されてしまうのです。
そんな人生の条件を理不尽《りふじん》だと思っても不思議はないでしょう。
自《みずか》らの意志をもって判断し行動しても

思い通りの現実が得られるとは限りません。
むしろ、望んでも望まざる結果、願っても願わざる現実を余儀《よぎ》なくされること
の方が普通であると言っても過言《かごん》ではないでしょう。
大きな失敗や挫折《ざせつ》、巨大な障害や受け入れ難い現実の前で
途方《とほう》に暮《く》れることも珍《めずら》しいことではありません。

しかし、たとえどのような厳《きび》しい現実であろうと
その事実からスタートして、まったく新たに創造できるのが人生なのです。

生まれ・育ちという条件の不平等。
動かし難い、望まざる現実。
それらを事実として受けとめて、そこから新たな人生を創造できる――。
それが魂として生きている私たち一人ひとりであることを信じてください。

もしあなたが、人生の一部を恐れ、憎み、蔑《さげす》んでいるために
自分自身の人生を本当の意味で愛することができないとしたら
この祈りに、折に触れて向かい合ってください。

*

人生のすべてをかけがえのないものとして
受け入れることができるように
わたくしを導《みちび》いてください。

認められず思い出したくなかった人生を
これからの人生の土台にできるように

わたくしを支えてください。
わたくしは、過去のすべてを
魂としてこの世界を生きる条件と思い切ります。
それらすべてが
新しい生き方のためには
なくてはならないものになるように
どうぞ
わたくしに智慧《ちえ》と力を授《さず》けてください。
人生のすべてを愛することができますように。

魂願成就《こんがんじょうじゅ》のための祈り

人は誰《だれ》でも、自分では気づかなくても、心の奥に、遙《はる》かな願いを抱《いだ》いています。

生活の中で次から次に生じる願望というようなものではなく
人生を通じて消え去ることなく響《ひび》き続けるただ一つの願い。
はじめは曖昧《あいまい》で頼《たよ》りないものでしかないのに
時が経《た》つにつれて次第《しだい》に輪郭《りんかく》を際立《きわだ》たせ
はっきりと姿を現してゆく一つの願い。
そんな「魂の願い」というものがあります。

「魂」とは、心のもっと奥に存在するもの。
永遠《えいえん》の生命《せいめい》を生きる私たちの本質——。

智慧《ちえ》持つ意志のエネルギー――。
その中心に刻《きざ》まれた願いがあるということです。

自分にはそんな深い願いなどあるとは思えないという人もあるでしょう。
けれども「魂の願い」など思いもつかないという人の人生にも
そのしるしは至《いた》るところに現れています。

人生の中で言葉にならないような強い感動を覚えたことはないでしょうか。
決して忘れることのできない後悔を味わったことはないでしょうか。
どうしても捨てられない願いを抱いていたことはないでしょうか。
適当には見過ごせないこだわりを持ったことはないでしょうか。
そして、自分の意図《いと》とは別に、なぜか人生の道が開かれたことはなかったでしょうか。

このような体験や経験があるとしたら
あなたはすでに「魂の願い」のかけらを見出《みいだ》しているのです。

言葉を超えた引力《いんりょく》
尽《つ》きることのないエネルギー。

大切なことは
誰の人生でも
その中心には
色褪《いろあ》せることのない魂願が脈打《みゃくう》ち
人生そのものを牽引《けんいん》しているということなのです。
そして、そのように、魂の願いを想いの中心に置いたとき
人生のすべての瞬間に

日々のすべての出会いと出来事に
無駄《むだ》なものは一つもないことがはっきりとします。
すべてが輝《かがや》ける時と場に変貌《へんぼう》するのです。

その「魂の願い」を果《は》たしたくて
あなたは人生を歩んでいます。
一年、一月《ひとつき》、一日
その畢生《ひっせい》の願いに少しでも近づくことを望んでいるのです。

＊

魂願成就を願う「魂」の存在として、この時に向かい合ってください。

どうぞわたくしの内なる魂の願いを
ますます明らかにしてください。
遙《はる》かなとき、成就《じょうじゅ》を思い続けてきたその願いを
あらわにしてください。

わたくしは常《つね》に
自《みずか》らの中心に脈打《みゃくう》つ魂願《こんがん》を念じて生きます。
自らに「行《ぎょう》」を課し、「私が変わります」を生き連《つら》ねてゆきます。

この時と場を通じて
その成就に一歩でも近づくことができますように。
今日一日の出会いを通じて
今週、今月の歩みを通して

願いを果《は》たす道のりを少しでも進めることができますように。

どうか
わたくしの歩みに
光を注《そそ》いでください。
力を与えてください。

カルマ超克《ちょうこく》のための祈り

人は誰《だれ》も、自分は自分の意志をもって生きていると思っています。
人間だけに与えられた自由意志を誰もが行使《こうし》していると思っています。
左に行こうと思えば行ける。
右に行こうと思えば行ける。
前に進むことも後《うし》ろに下がることも
そこに立ち止まることも意のままにできる。
仕事をするときでも、人に関わるときでも、自分が考え、自分が選択《せんたく》している
ことを疑《うたが》う人はいないのではないでしょうか。

しかし、その一方で人は、自分ではそれと気づかずに大きな力に支配されてい
るのです。

時代の流れに押し流されていること、周囲の環境に左右されていることを本当に自覚できる人がどれほどいるでしょうか。

この事実一つとっても、人は不自由です。

幼い頃に受けた心の傷《きず》に一生を束縛《そくばく》されて生きる人がいます。

過去の恨《うら》みを根《ね》に持ち続けて、生涯《しょうがい》を終えてしまう人があります。

生まれ育ちの中で身につけた誤った思い込みの幸福を、どうしても求めずにはいられない人がいます。

人と深く出会いたいのに、絆《きずな》を切るような出会い方しかできなくなっている人がいます。

彼らは、その現実を望んでいるわけではありません。自《みずか》ら望まざる現実を自分に引き寄せることを、どうしても繰《く》り返してしまうのです。

自由意志とは、決して当然のものではなく、むしろ人は常《つね》に自分の気づいていない力に支配されているのではないでしょうか。

そしてそれと同じように、人はその人生を超える力の影響をも受けています。過去世《かこせ》の経験が、未来の人生を左右しています。過去世において繰り返してきた過《あやま》ちを、新たな人生においても同じように繰り返してしまうのです。

それが魂のカルマというものです。

カルマとは因果《いんが》を巡《めぐ》らせるもの——。

過去積み重ねてきた受発色《じゅはっしき》（心の受信と発信、その結果としての現実）の堆積《たいせき》が、私たちを知らぬ間に動かし、本来の「現在」と「未来」を奪《うば》ってしまうのです。

何度も同じ失敗を繰り返してきたという経験はないでしょうか。

「わかっているのにやめられない」ということはなかったでしょうか。

どうしても乗り越えられない壁《かべ》を感じたことはなかったでしょうか。

逃げていても、なぜか同じ巡り合わせになってしまうということはなかったでしょうか。

自分では気づけなくても、他人《ひと》からは明らかに見えるような想いと行いの傾《かたむ》きを抱《かか》えていたことはなかったでしょうか。

それらには私たちの内に潜《ひそ》むカルマのかけらが現れているのです。

その力があなたの望んでいない現実を引き寄せようとしているかもしれません。

このカルマの力は、あなたの弱さと結びつこうとしています。自分のこと、自分の利益のこと、目先のことしか考えようとしないあなたの自我《じが》と手を組もうとしています。その自我の根は深いことを忘れないでください。

あなたの中の最も深いところに輝《かがや》く願いを成就《じょうじゅ》するために、このカルマを超克することを念じてください。

あなたが本当の魂の自由を実現するために、魂のカルマを今、切断《せつだん》することを念じてください。
あなたの信仰の光の中から、すべての濁《にご》りを消し去って、心を尽《つ》くして祈って
ください。

*

わたくしは
一切《いっさい》の濁《にご》りの垣根《かきね》を取り去って
内なるカルマを見つめます。

失敗の繰《く》り返しに
わかっていてもやめられなかったことの中に
どうにもならない壁《かべ》の中に

なぜか同じ巡り合わせになってしまうことの中に
自分では気づけない自《みずか》らの傾向《けいこう》に
カルマのあらわれを見続けます。

わたくしの弱き自我《じが》が
カルマに手を貸さないように
カルマの力に流されないように
わたくしに
光を与えてください。
力を与えてください。

過去世《かこせ》の後悔を思い出させてください。
過去世の誓《ちか》いを思い出させてください。

わたくしは今この時に
自我の根を断《た》ち、カルマの根《ね》を断ちます。

今、このときに
累世《るいせ》の悲願《ひがん》を果《は》たさせてください。

誘惑《ゆうわく》を退《しりぞ》けるための祈り

神仏《しんぶつ》への信、神仏への感謝の念によって
自《みずか》らの内なる誘惑を退けてください。

人間は様々な誘惑を受けて、それぞれの道を歩みます。
人は、その誘惑者を自分の外に見ますが、本当でしょうか。
また、魔《ま》的なものの跳梁《ちょうりょう》を自分の外に見ますが、本当でしょうか。

人間が
あるがままの世界の尊《とうと》さ
一つ一つのいのちのかけがえのなさ
一人ひとりの人間の尊厳《そんげん》を冒《おか》すとき

必ずそのとき

自ら自身の心の中に誘惑者がいて、魔のはたらきが存在しています。

もちろん、現象《げんしょう》の世界にも、超自然的な魔的なものの出現はあります。言葉の世界や空想の世界ではない、現実に、そういう見えない世界のはたらきが感じられることがあります。

ただ、必ず、その魔的なものが私たちにあらわれるときには、内なる己心《こしん》の魔に伴《ともな》ってはたらくことを忘れないでいただきたいのです。

私たちの心の中の、己心の魔が、悪の行動に走らせる正体であると言ってよいのです。私たちの心の中には、魂が抱《かか》えるカルマとつながる自我《じが》の根《ね》があります。ここから、魔に捕《とら》えられやすい煩悩《ぼんのう》、すなわち自己保存、自己顕示欲《けんじよく》、名誉心《めいよしん》、虚栄心《きょえいしん》などが生じます。その煩悩に誘惑ははたらきかけます。

誘惑の現実は、最初から誘惑という形をとって生じるわけではありません。

心の中では、寂《さび》しさや不安や希望や恐怖、そして正義感として生じてきます。

つまり、私たち人間を動かす、感情としてはたらくのです。

ですから、人々は、自己保存と知って、また名誉心と知って、虚栄心と知って、行動するのではありません。

寂しくて寂しくて、どうしようもなくなって誘惑に応《こた》えてしまうのです。

不安で不安で、どうしようもなくなって誘惑に負けてしまうのです。

相手がどう考えてもおかしいのだという想いから、誘惑に乗ってしまうのです。

誘惑は充分に私たち自身の正当化ができるような形ではたらきかけてくるのです。


すべての悪への傾《かたむ》きを自分の中に見出《みいだ》し、存在への反逆《さからい》の根を自我に見ること。

この自我の根を絶《た》つことが私たちの往《ゆ》くべき道です。

私たちの心が常《つね》に神の側にあれば、決して誘惑に負けることはありません。

すべてを生かし支えている指導原理《しどうげんり》にかなった生活の波動《はどう》は魔を切ります。

私たちが魔と闘い、誘惑と闘うときに、まず、自らの内なる弱さ、己心の魔に対して何よりも強く生きることが必要なのです。

忍辱《にんにく》と持戒《じかい》の心を大切にしてください。

忍辱も持戒も我慢《がまん》ではありません。

忍辱は待つ必要を感ずる心、持戒は自らの魂を守ることを知る心から生まれてきたものです。

心に光を受けてください。

あなたがどこに立つ魂であるかを忘れないでください。

自らの心に対して、外に感ずる魔的なものに対しても

神の心に一致し、神と一つになって生きる魂であることを明らかにしてください。

自らの信仰を強く表明するのです。

*

神よ
わたくしは
わたくしのすべてをあなたの心に委《ゆだ》ねます。
いのちの力のすべてを
あなたの心に向かって注《そそ》ぎます。
わたくしの人生の道を
あなたの心と共に歩んでゆきます。
わたくしの内に生じた悪への傾《かたむ》きを断《た》ってください。

自我の根《ね》を断ってください。
わたくしは、存在の尊《とうと》さをこわすようなことはしません。
わたくしは、いのちのかけがえのなさに眼《め》をつぶりません。
わたくしは、一人ひとりの尊厳《そんげん》を冒《おか》すようなことはしません。

わたくしが
怒らず、謗《そし》らず、妬《ねた》まず、恨《うら》まず、僻《ひが》むことなく
傲《おご》らず、欺《あざむ》かず、疑《うたが》わず、愚痴《ぐち》らず、怠《おこた》ることなく
強く生きることができるように
光を与え、導《みちび》いてください。

迷いを乗り越えるための祈り

雲一つない空《そら》のごとき自《みずか》らの信に暗雲《あんうん》がたれ込めて
自分の歩みに自信がなくなるとき。
一つの疑問が次の疑問を呼んで膨《ふく》らみ続け
その重さに耐《た》え難《がた》くなるとき。

神理《しんり》の道を歩み始めた魂にとって
歩みの深化《しんか》は何にも代《か》え難い歓《よろこ》びです。

しかし
どんなに確かそうな道に見えたとしても
私たちが一度も動揺《どうよう》することなく
その歩みを深めてゆくことは至難《しなん》と言えるでしょう。

むしろ、神理の道、信仰の道は
私たちの迷いや疑念《ぎねん》、あきらめや否定と
常《つね》に交《まじ》わりながらの道にほかなりません。

あなたの信仰の歩みが始まった頃のことを思い出してください。
それは、決して確かとは言えないものだったでしょう。
心は惹《ひ》かれるが信じ切れない。
道に踏《ふ》み込むことに不安がある。
いくつもの疑問や迷いを抱《かか》えながら
揺《ゆ》らぎ続けた現実があったからこそ
始まった歩みであったことを想ってください。

神理の道、信仰の道にとっては
迷いもまた
退《しりぞ》けられるものではないのです。
むしろ、迷いによって
より深められ
より確かな信が引き出されてゆくところに
神理の道、信仰の道の本質があると受けとめていただきたいのです。

「迷い」はあなたに
本当の中心を導《みちび》く「呼びかけ」
揺るぎない信を導く手がかりなのです。

あなたは何を迷っているのでしょうか。

「迷い」の中心にあることは何でしょうか。
「迷い」を引き受けて、現実の中でそれを受けとめてください。

＊

今、わたくしが聴かなければならないことは何でしょうか。
今、わたくしが見なければならないものは何でしょうか。
それを明らかにしてください。

わたくしのうちに生じた「迷い」。
その「迷い」は
わたくしの信をより深くするための呼びかけです。

わたくしの信をより確かにするための手がかりです。
それを受けとめることができますように。
「迷い」があるからこそ
より深くなり
より確かになる神理《しんり》の道を歩むことができますように
どうか
わたくしの歩みを支えてください。
わたくしの歩みを導《みちび》いてください。

感謝の祈り

人は、誰《だれ》一人として独《ひと》りで生きることはできません。
有形無形《ゆうけいむけい》の助力《じょりょく》によって、誰もが人生を歩むことができるのです。
いかなる時と場にあっても
私たちは、自《みず》らが生かされ支えられていることを
常《つね》に新しく思い出していたいと思います。

そして、生かされて生きる私たちであることを知るとき、私たちはその事実に
対する感謝の念を抱《いだ》きます。
感謝の念は、生かされる事実に対する、魂の最も素直な動向《どうこう》です。

与えられ支えられた者として、その恩恵《おんけい》を心に刻《きざ》み

それを「感謝」という想いと行いにあらわす――。

そして、その感謝の想いを秘《ひ》めて、今度は自分が支え、与える側に回る――。

自らを与える「布施心《ふせしん》」を発《はっ》し、感謝と報恩《ほうおん》の循環《じゅんかん》を生み出すのです。


それは、宇宙の神理《しんり》、すべてを生かし支えている指導原理《しどうげんり》に導《みちび》かれた、美しく自然な想いの流れです。

謙虚《けんきょ》さ、率直《そっちょく》さ、生命《せいめい》への畏敬《いけい》など、人間の言葉ではいくつにも分かれてしまうものが、存在の底では一つになっていて、感謝の想いとともに、それらが溢《あふ》れてきます。

その源《みなもと》に遡《さかのぼ》るとき、人はいつでも感謝の念とともに生きることができるのです。


だから「感謝の念」を見失っているとき、私たちは自らを見失います。

自らが宇宙の小さな主宰者《しゅさいしゃ》になって、知らない間にすべてを自分中心の見方の中に当てはめ、自己保存、自己正当化、自己顕示《けんじ》の傾《かたむ》きへ、歯どめなく流されかねないのです。

心が感謝を満たしているとき、心は開かれ、自由で満たされています。感謝できないとき、心は閉じています。わだかまりやこだわりがあるからです。そのときはその心を「悪いことだ」と否定する前に見守るようにしてください。自分の中に生じている感情を見とって祈ってください。

そして自分が生かされる宇宙の一部である感覚が蘇《よみがえ》るまで、心に光を受けてください。

*

すべてが
生かされ
育《はぐく》まれ
見守られているように
わたくしも
生かされ
育まれ
見守られ
そして
導《みちび》かれています。

ありがとうございます。

ここで合わせる手を
誰《だれ》に向かっても
合わせることができるように
今、想う心で
いついかなる時も
想うことができるように
導いてください。

わたくしに注《そそ》がれた光を
他に伝えることができるように
わたくしにもたらされた恩恵《おんけい》に
報《むく》いることができるように
わたくしを支えてください。

真我《しんが》への祈り

「かつて『私』は空《くう》を住処《すみか》とし　境《さかい》をもたず　流れる理《ことわり》のままに
相対《そうたい》の世界に　固定の枠《わく》をあてがうことなく
智慧《ちえ》のあらわれをこそ　自《みずか》らの身体《からだ》となしていた。
智慧とはただなることであった。

私は樹々《きぎ》であり　山であり
海であり　月であった。
私は彼であり　人々であった」
　　　　　　　　――『生命《せいめい》の余白《よはく》に』（三宝出版）

自分へのこだわりや他人へのとらわれに苦しむとき

失敗や困難に自信や力を失ったとき
怒り・妬《ねた》み・恨《うら》み・不満・傲《おご》りが渦巻《うずま》く
迷いの森にさまよい込んだとき。

思い出すこと
立ち還《かえ》る場所。

あなたは、どんな場合にも容易に
こだわりやとらわれを解《と》きほぐすことができるでしょうか。
あなたは、どんな状況にも苦労なく
不安や恐怖心に打ち克《か》ち
怒りや妬みなどを退《しりぞ》けることができるでしょうか。

魂は強いが肉身《にくしん》は弱い。
からだは楽を求め心は悩乱《のうらん》す。

意識は「つかず離《はな》れず群《む》れていたい」と言い、特別になることも望む。
この中では迷いにぶつかることは、当然覚悟《かくご》しなければならないのではないでしょうか。

そのときこそ、その弱さを乗り越えてゆく
力の泉を求めてください。
智慧の泉を求めてください。
まごころの蘇《よみがえ》り。
私たちには
立ち還るべき原点
存在を支える思い出が刻《きざ》まれています。

それを心に呼び出すのです。

魂、真我
もう一人の自分
いのちそのものの自分
光そのものの自分を心に描いて
もとよりそれらが一つであることを念ずるのです。

＊

わたくしは
永遠《とわ》のいのちを受け

無尽《むじん》の智慧《ちえ》を受け
現世《うつしよ》と常世《とこしよ》を生き通す。

わたくしは
代々《よよ》を照《て》らす光に満ち
代々人々を癒《いや》す愛に満ち
不壊《ふえ》の絆《きずな》に結ばれる。

この現身《うつしみ》に
まことのわたくしをあらわしてください。
永遠《とわ》のいのちを受け
無尽の智慧を抱《いだ》くわたくしを
導《みちび》いてください。

力に満ち
光に満ち
愛に満ちた
根源《こんげん》のわたくしを
導きあらわしてください。

「菩提心発掘《ぼだいしんはっくつ》」のための祈り――十二の菩提心を育《はぐく》む

光と闇《やみ》の相克《そうこく》を生きる人間の内に
深く抱《いだ》かれている光があります。

痛みの現実に出会ったとき
人はできればそれを少しでも癒《いや》して解決に導《みちび》きたいと願うでしょう。
暗転した現実に直面したとき
人は何とかそれを浄化《じょうか》して転換したいと思うでしょう。
その心の中心にある光――。

痛みよりも歓《よろこ》びを願い
混乱よりも調和を求め

停滞《ていたい》よりも活性を願い
破壊よりも創造を求める
誰《だれ》の心の中にもある光――。

その光とは「菩提心」。
「菩提心」とは、本当の自《みずか》らを求め、他を愛し、世界の調和に貢献《こうけん》する心のことです。

大切なことは、その「菩提心」は
誰の内にも息《いき》づいていて
現れることを強く願っているということです。
そして「菩提心」を起こすことができたとき
私たちの魂に刻《きざ》まれた願い――魂願《こんがん》が

次第《しだい》に明らかになってくるのです。

その光――菩提心を信じる自らがあり
その光――菩提心を信じ合い、引き出し合う友があるとき
私たちは、現前《げんぜん》する暗転の現実を
光転の大地に運ぶことが可能になります。

痛みを歓びに
混乱を調和に
停滞を活性に
破壊を創造に
転換し運んでゆくのは

自他《じた》の内に奪《うば》われることのない光を見出《みいだ》す心
その光を信じて結ばれる友情にほかなりません。

あなたの「菩提心発掘」を深く念じてください。

ここでは、人間の内に蔵《ぞう》された光を十二の菩提心として取り上げます。
「月の心」「火の心」「空《そら》の心」「山の心」「稲穂《いなほ》の心」「泉の心」
「川の心」「大地の心」「観音《かんのん》の心」「風の心」「海の心」「太陽の心」

これらの心があなたの内に息づくことを感じてください。

「月の心」を育《はぐく》む祈り

「月」は自《みずか》ら光を発するものではなく、太陽の光を受けてひそやかに輝《かがや》く存在です。

それゆえ、「月」は、太陽の影のような存在だと見なされてきました。

しかし、それだけではありません。

「月」の光の静かさ。その透明《とうめい》さ。その光は何とやさしく、そして神秘的《しんぴてき》に降《ふ》り注《そそ》いでいることでしょう。

「月」は自らが発光しないことを知っており、自らを鏡のようにして太陽の光を私たちに送ってくれます。それは回向返照《えこうへんしょう》――。自ら修《おさ》めた功徳《くどく》（善行《ぜんこう》）を他のために巡《めぐ》らす回向の営《いとな》みそのものです。

神秘の気配《けはい》に満ちた「月」の光は、私たち一人ひとりを世界の不思議、人生の不思議に誘《いざな》ってくれます。私たちの心は、普段《ふだん》は見えないもの、隠《かく》れた側面に自然に導《みちび》かれます。

見えるものから見えないものへ。現れたものから隠れたものへ。物質性から精神性へ。肉体から魂へ……。

普段は見えないもの、隠れている側面がいかに私たちの本質と深くつながっているのかを教えてくれるのです。

そしてそれは、見えないところで他のために尽《つ》くす陰徳《いんとく》の歩みへと私たちを誘うものです。見えないところで他を支え、見えないところで全体のために尽くす歩みの尊《とうと》さに私たちを導いてゆくのです。

「月の心」とは、隣人《りんじん》をひそやかに陰《かげ》で支えることができる、陰徳の心の菩提《ぼだい》心《しん》――。

その「月の心」があなたの内に息《いき》づいていることを想ってください。

*

わたくしは
見えるものだけでなく、見えないものを想う者になります。
形だけでなく、形を支える次元を求める者になります。
現れだけでなく、隠《かく》れたところで心を尽《つ》くす者になります。

どうか、その歩みを支えてください。

わたくしは、「月」のごとき陰徳《いんとく》の心を育《はぐく》みます。
忍土《にんど》の闇《やみ》をひそやかに照《て》らし続けることができますように。

わたくしの内なる「月の心」をあらわしてください。

「火の心」を育《はぐく》む祈り

「火の心」とは、本当に大切なものに一心《いっしん》にまごころを尽《つ》くす、熱き心の菩提《ぼだい》心《しん》。

心の中に燃える「火」を思い描いてください。

一時《いっとき》としてとどまることなく変化し動きながら燃え続けるように見えて「火」は、「今」というただ一点をいのちとしています。

今にすべてをかけるように、熱く明るく燃える「火」は「今」を燃やし尽くす力。

「今」という一回生起《いっかいせいき》の時を
これ以上はないというくらいの熱をもって
完全に燃焼させることができるのが
「火の心」です。

猶予《ゆうよ》の感覚が少しでも混《ま》じれば
それは叶《かな》いません。
依存の想いに少しでも傾《かたむ》けば
いのちを捉《とら》えることはできません。

最も大切な一事《いちじ》に、最も大切にすべき一点に
すべてをかけて集中することを想ってください。

*

わたくしは「火」のごとき熱き心を育《はぐく》みます。
現在《いま》にいのちを込めて
人生の仕事を果《は》たすことができるように
どうぞ、わたくしを導《みちび》いてください。

大切な
一点のために
中心をなす

一事《いちじ》のために
一切《いっさい》を焼き尽《つ》くすほどの熱を
自《みずか》らの内に保《たも》ち続けることができますように。

「空《そら》の心」を育《はぐく》む祈り

「空の心」とは、何ごとにもとらわれず、無心に生きる自由な心の菩提心《ぼだいしん》。

「空」を見上げてください。
それが叶《かな》わないなら、心の中に「空」を想ってください。

「空」は限りない広がりを抱《いだ》くものです。

どこまでも妨《さまた》げるものがなく、どこまでも高く、すべてを超えて広がりゆくもの――。

現実の中に生きている私たちは
心をどこかにとどめ
何かに固着《こちゃく》させがちです。
区分けし、限定して考えることを常《つね》としています。
上手《うま》く区切ることのできる人が優《すぐ》れた能力の持ち主であると考えられたりします。

左と右を分け
上と下を分ける力
世界の一画《いっかく》に
自分の場所を区切ることのできる力を

人間の力量《りきりょう》として見るということです。

人の心もその区分けに翻弄《ほんろう》され、こだわります。
こだわっているとき、往々《おうおう》にして、その外に広がっている世界は見えなくなります。
ただその区分けにとらわれ、人生の一大事と思ってしまうのです。

「空」は、そんな人間の世界のすべてを超えて広がってゆきます。
区分けに必死な人間の意識の底を抜いて
それを超える広がりを私たちに見せてくれるのです。
その広がりが本当のいのちを呼びかけているのです。

どこまでも

自由無碍《むげ》に広がる「空」に
いつも
あなたの心を重ね合わせてください。

*

自《みずか》らがつくり出している
こだわりと差別に訣別《けつべつ》するために
「空《そら》」の広がりを感じさせてください。
「空」の自由さを味わわせてください。

何の障害もなく
澄《す》み切った大空に

わたくしを託身《たくしん》させてください。

わたくしは大空をはばたくことを願っています。
おおらかで自由なわたくし自身を取り戻《もど》したいのです。

わたくしは、「空」のごとき自由無碍《むげ》な心を育《はぐく》みます。
何ごとにもとらわれず、無心に生きることができるように
わたくしを導《みちび》いてください。

「山の心」を育《はぐく》む祈り

この世界に生きるための条件——。

すべてがとどまることなく移り変わり
崩壊《ほうかい》に至《いた》る定《さだめ》を人は免《まぬか》れることができないということ。
あらゆる事態が複雑な関わりゆえに
自分の思い通りにはならない定を抱《いだ》くということ。

それらの定を負いながら生きる私たちは
誰《だれ》一人例外なく、人生の中で、様々な苦難や試練にさらされます。
突然の病《やまい》や事故。
人間関係の不和とあつれき。
思いもかけない失敗や実績の低迷《ていめい》。
期待はずれの結果や裏切り、約束の反古《ほご》。
互いを傷《きず》つけずにはおかない離反《りはん》や別れ。
予告なく襲《おそ》いかかってくる人災や天災……。

私たちの前で、無数の暗転の事態が今にも口を開《あ》けようとしています。
だからこそ
私たちは苦難と試練を引き受ける「山の心」を求めるのです。

「山の心」とは、いかなる苦難や試練にも揺《ゆ》らぐことがない、不動の心の菩提《ぼだい》心《しん》――。

「山」は不動の象徴《しょうちょう》です。
長い時の流れの中にあって、どれほど厳《きび》しい風雪《ふうせつ》にも
どっしりと揺らぐことなく大地に身を構え続けてきた「山」――。
その「山」に倣《なら》って、何ごとが起ころうと揺らぐことなく、事態を受けとめたいと願うのです。

すべてをじっと黙《だま》って受けとめてきた「山の心」を想ってください。
「山の心」はただ動じない重い心なのではありません。
一切《いっさい》の痛みと呼びかけを受けとめながら、決して重心を動かさない不動の心です。

*

わたくしに「山の心」を与えてください。
わたくしは
現実の重さをすべて受けとめたいのです。
呼びかけの深さをすべて知りたいのです。

そのために、確かな重心を備《そな》えさせてください。
いかなる苦難や試練にも
決して揺《ゆ》らぐことがない
「山」のごとき安らぎの心を育《はぐく》ませてください。

「稲穂《いなほ》の心」を育《はぐく》む祈り

「稲穂の心」とは、実《みの》るほどに頭《こうべ》を垂《た》れる、黄金《こがね》の「稲穂」のごとき、感謝の心の菩提心《ぼだいしん》です。

いつの時代にも、人は、自然が示す姿に、深い人生の真実を学んできました。

実りの季節。手塩《てしお》にかけた作物が実り、収穫《しゅうかく》を迎えるとき。
黄金色に輝《かがや》く「稲穂」が、たわわな実りをつけて頭を垂れる姿に
私たちは、「感謝」の心を重ね合わせてきました。

自然の恵《めぐ》みが自《みずか》らを育んでくれたことを知るかのように頭を垂れる「稲穂」の
姿は、恩恵《おんけい》を受けとめる姿勢そのものです。
そしてそれは
私たち自身を、あらゆる機会を通じて、人として、魂として、育まれている事
実を思い出させる「恩恵の自覚」へと誘《いざな》います。

その「恩恵」に目ざめるとき
私たちは、人生に与えられる一つ一つの出会い、出来事が
自らの快苦・好悪《こうお》・利害・善悪で判断されるだけのものでなく

大切な意味が孕《はら》まれているものであることを受けとめるようになるのです。
「稲穂の心」が知る「恩恵の自覚」の深みを想ってください。

＊

わたくしは生かされて生きる存在であることを胸に刻《きざ》みます。

わたくしが前に進むことができたとしたら
それはわたくしを支えてくれた人がいたからです。
わたくしが多くを獲得《かくとく》できたとしたら
それはわたくしを助けてくれた人がいたからです。
わたくしが自《みずか》ら成長することができたとしたら

それはわたくしを見守り導《みちび》いてくれた存在があったからです。

だからこそわたくしは
一切《いっさい》の出会いに
感謝できる心を育《はぐく》みます。
実《みの》るほどに頭《こうべ》を垂《た》れる
黄金《こがね》の「稲穂《いなほ》」のごとく――。

すべての出会いと出来事の豊かな意味を受けとめさせてください。
そしてその一切を、大切に、大切に味わわせてください。

「泉の心」を育《はぐく》む祈り

「泉の心」とはいかなるものでしょうか。

「泉」は、澄《す》み切った清らかな水を、たゆみなく滔々《とうとう》と溢《あふ》れさせるものです。
その水は生命《せいめい》の水。いのちを潤《うるお》し、渇《かわ》きを癒《いや》すもの――。
忍土《にんど》の中で、傷《きず》つき疲れた人々の心を癒し、励《はげ》まし、力を与えるもの。
そしてその水は智慧《ちえ》の水。解決と創造をもたらすもの――。
至《いた》るところにあらわれる困難な壁《かべ》を超えて
一すじの白い道（最善《さいぜん》の道）を切り開く智慧をもたらし続けるもの。
その力の象徴《しょうちょう》が「泉」です。

「泉の心」とは、道なきところに道を切り開き、不可能を可能にさせることができる、智慧の心の菩提心《ぼだいしん》――。

忘れてはならないことがあります。
「泉」がくみ上げるのは、地下水流であるということ。
それは、長い時をかけて自然が浄化《じょうか》し、蓄積《ちくせき》した見えない流れ。
幾多《いくた》の魂が、自《みずか》らの浄化とともにまごころを尽《つ》くし続けたからこそ
豊かで澄み切った水が尽きることなく溢れ続けるのです。

あなたの内なる「泉」を見出《みいだ》すために
自らの井戸《いど》を掘り下げてください。

その井戸を掘り進めて地下水流に突き当たったとき
必ず尽きることのない智慧があなたの「泉」から溢れてくることを信じてくだ

さい。

＊

魂が抱《いだ》く智慧《ちえ》は限りないものです。
どうぞ、その真実をわたくしに知らしめてください。

わたくしは、「泉」のごとき智慧の心を育《はぐく》みます。
道なきところに道を切り開き、不可能を可能に変えることができますように。

弛《たゆ》むことなく
あきらめることなく
とどまることなく

歩み続ける力を与えてください。
どうぞ、わたくしの内なる「泉」に光を注《そそ》いでください。
その「泉」が滔々《とうとう》と尽《つ》きない智慧をあらわしますように。

「川の心」を育《はぐく》む祈り

「川の心」とはいかなる心でしょうか。

「川」は一時《いっとき》としてとどまることなく流れ続け、一切《いっさい》のものを押し流し、様々な汚《けが》れを洗い流すものです。そして、流れることで、「川」は、自《みずか》らも清浄《せいじょう》であり続けます。

弛《たゆ》みない「川」の流れは、私たちの心を洗い、想いを浄化《じょうか》させます。「川」の流れを見ているだけで、こだわりやとらわれを解《と》きほぐし、そこから離《はな》れることができます。

背負っている重荷を肩から下《お》ろして、心を休めることができます。それはその重荷は決して固定的なものではなく、新しい時が来ることを教えてくれるからです。

「川」の流れは、やがて訪れる希望の未来を示してくれるのです。

「川の心」とは、一切のとらわれやこだわりを洗い流すことができる、清らかな心の菩提心《ぼだいしん》です。

怒り、謗《そし》り、妬《ねた》み、恨《うら》み、僻《ひが》み、傲慢《ごうまん》、欺瞞《ぎまん》、疑念《ぎねん》、愚痴《ぐち》、怠惰《たいだ》……。

これら一切を洗い流し、自由な魂を導《みちび》くもの――。

一時としてとどまるもののない、この諸行無常《しょぎょうむじょう》の世界に生きる私たちには
「川の心」がもとより託《たく》されているのです。
あなたの内なる「川」の浄化の力、変化の力を信じてください。

*

わたくしは
「川」のごとき清らかな心を育《はぐく》みます。
一切《いっさい》のとらわれやこだわりを
洗い流すことができるように。

まったく自由なわたくしをあらわしてください。

一から始めることができるように
透明《とうめい》になることができるように
わたくしに
新たないのちを与えてください。
新たな光を注《そそ》いでください。

「大地の心」を育《はぐく》む祈り

「大地の心」とは、いかなるものでしょうか。

「大地」は豊かな恵《めぐ》みを産《う》み出す母胎《ぼたい》です。
多様な生命《せいめい》をその懐《ふところ》に抱《かか》え、育《はぐく》み、生かしています。
そして、少しの搾取《さくしゅ》もなく、差別もなく
あらゆる生命を育んで、恵みと富を生産するものです。

人がいかなる豊かさを産み出そうとも、「大地」の豊かさには遠く及びません。
無《む》から有《ゆう》を生ずるがごとく、「大地」は繰《く》り返し尽《つ》きることなく、恵みをもたらし続けるのです。

「大地の心」とは、大地のごとく、あらゆる存在を育み、その可能性を開花させることができる、子を育てる「親の心」の菩提心《ぼだいしん》です。

「親の心」とは、自分のことを横に置いても、子を愛し育み、助け支えようとする心。

人を見たらその可能性を想い、どうしたらそれを引き出せるのかと考えてしまう心。

育み、引き出す願いを抱《いだ》いた、あなたの内なる「大地」のことを想ってください。

*

いのちの営《いとな》みの母胎《ぼたい》

人間の営みを支える「大地」を

わたくしは今日も踏《ふ》みしめました。

この「大地」から生まれ
この「大地」に支えられてきた
わたくしであることを思います。
その恩義《おんぎ》に応《こた》えさせてください。

「大地」のごとき豊かな心を育《はぐく》みます。
あらゆる存在の可能性を引き出すことができますように。

どうか、あらゆる存在が輝《かがや》く「縁《えん》」として
わたくしをはたらかせてください。

「観音《かんのん》の心」を育《はぐく》む祈り

「観音」とは、この世界にあって苦しみ悩む人々の声（音《おと》）を自在に観《かん》ずる菩《ぼ》薩《さつ》です。

衆生《しゅじょう》が様々な悩みや苦しみに遭遇《そうぐう》したとき、「観音」の名を一心《いっしん》に唱《とな》えれば、その声をすべて聴き届け、衆生の七難《しちなん》を救うために種々の姿を現し、一人残らず救済《きゅうさい》してくれる存在です。

「観音」は、慈悲心溢《じひしんあふ》れる、衆生救済《きゅうさい》の力の象徴《しょうちょう》なのです。

慈悲心の「慈《じ》」とは、相手を包《つつ》み込み慈《いつく》しむ温《あたた》かな心。

「悲《ひ》」とは、相手の悲しみや苦しみを全身全霊《ぜんしんぜんれい》で受けとめて、共に悲しみ、それを癒《いや》そうとする心、「抜苦与楽《ばっくよらく》」の心です。

すなわち、「観音の心」とは、相手の苦しみを全身全霊で受けとめ、その痛みを取り除《のぞ》こうとする慈悲の心の菩提心《ぼだいしん》――。

そのことを知るならば「観音の心」とは、どれほど、遙《はる》けき場所に位置するものだろうかと思わずにはいられません。

有余《うよ》（道半《なか》ば）の菩薩として、煩悩《ぼんのう》を抱《かか》え、闇《やみ》を抱えて歩む私たちにとって、その心はあまりに遠く離《はな》れているもののように思えます。

しかし、またそれほど遙か遠くに見え隠《かく》れする「観音の心」を求め、それを目ざして歩むことにこそ大きな意味があり、それを願って歩む道心《どうしん》を抱《いだ》くことができるのが私たち人間であるということなのではないでしょうか。

私たち一人ひとりの内なる「観音の心」を念じてください。

＊

どうか
共に生きる人々の苦しみをわが苦しみとさせてください。
共に生きる人々の歓《よろこ》びをわが歓びとさせてください。

世界に響《ひび》く苦悩の声を受けとめたいのです。
世界に流れる悲しみの涙を受けとめたいのです。
わたくしにできることに心を尽《つ》くさせてください。

わたくしは
「観音《かんのん》」のごとき慈悲《じひ》の心を育《はぐく》みます。
人々の苦しみを引き受け
その仏性《ぶっしょう》を守るために。

どうぞ、わたくしの内なる慈悲心《じひしん》をあらわしてください。

「風の心」を育《はぐく》む祈り

「風の心」とは、いかなるものでしょうか。

「風」は遠くから、何かを運んでくるものです。
澱《よど》んだ大気の谷に、一陣《いちじん》の「風」が吹き抜けるとき
清新《せいしん》な空気が流れ込んで気配《けはい》がまったく変わってしまいます。
我見《がけん》にとらわれ、我意《がい》に固執《こしゅう》するとき

場は閉塞《へいそく》し空気は澱んでいます。
「風」はそこに窓を穿《うが》つ力です。
停滞《ていたい》した事態、硬直《こうちょく》した心に、「風」が吹くとき
それらを一変《いっぺん》させる智慧《ちえ》と光が流れ入《い》るのです。
閉塞した空気が流動を始め
光転の循環《じゅんかん》を起こしてゆくのです。

「風の心」とは、誰《だれ》の心にも我意を超えた願いを蘇《よみがえ》らせる、颯爽《さっそう》とした「風」
のような無垢《むく》な心の菩提心《ぼだいしん》――。

根源《こんげん》の光
始源《しげん》の智慧
中心の願いを蘇らせる

「風」のことを想ってください。

＊

わたくしは
いつも思い続けます。
「風」起こる深淵《しんえん》を
光生まれる混沌《こんとん》を
いのち孕《はら》まれる根源《こんげん》を。

どうか
そこに遡《さかのぼ》らせてください。
それらを呼び覚《さ》ましてください。

わたくしは
「風」のごとき颯爽《さっそう》とした心を育《はぐく》みます。
我意《がい》を超えた切なる願いを
自他《じた》の心に起こすことができますように。

「風」のように歩ませてください。
「風」のように生きさせてください。

「海の心」を育《はぐく》む祈り

「海の心」とは、あらゆる個性を包容《ほうよう》して、全体を一つに結ぶことのできる広き心の菩提心《ぼだいしん》――。

無数の河《かわ》の流れがあらゆるものを運んで注《そそ》いでいる「海」を想像してください。

「海」は、そこに注ぐ数え切れない河の流れを一つに結ぶ受容《じゅよう》の力の象徴《しょうちょう》です。

谷や野を駆《か》け巡《めぐ》ってきた無数の河は、様々なものを運んで「海」に押し流してゆきます。

それらを受け入れて一つに結んでいるのが「海」。

様々な違いのすべてを受け入れ、浄化《じょうか》し、一つの生命の中に再生させてゆくのが「海の心」。

私たち人間の世界にも「海の心」が必要です。

一人ひとりの生活の中にも「海の心」が求められています。

この世界はあまりにも違いに満ち
その違いに人々が心を奪《うば》われているからです。
違いが違和感《いわかん》を引き出し、差別や憎《にく》しみの基《もとい》となっているからです。

私たちが同じ人間であり、同じ魂の存在であったとしても
この世界に生まれることによって、その共通部分を人は忘れてしまうのです。

人生の条件とは、違いに満ちているもの。
両親を通じて流れ込む、ものの見方・価値観という「血」
生まれ育った地域や土地から流れ込む、習慣や価値観という「地」
時代・社会から流れ込む、知識や思想・価値観という「知」。
自分と他人《ひと》の三つの「ち」（血地知）が違うことに、人はどれほどの違和感を
覚えてきたでしょう。

そしてその違和感を、どれほどの反感や憎しみに変えてしまってきたでしょう。

しかし、もし、その違いを包容する「海の心」を抱《いだ》くことができるなら
私たちは互いが同じ人間であり、同じ魂であることを思い出すことができるのです。

あなたがもし、受け入れ難《がた》いものを抱《かか》えているなら
広き海原《うなばら》を想ってください。
誰《だれ》かに反感を覚えているなら
すべてを受容する「海」にあなたの心を重ね合わせてください。
人は誰も自身の内に始源《しげん》の「海」を抱いているのです。

＊

潮《しお》の流れのごとき静かな時を心に蘇《よみがえ》らせてください。
潮の満《み》ち引きのごとき穏《おだ》やかな呼吸を取り戻《もど》させてください。

わたくしは「海」から生まれた生命《せいめい》であり
「海」に還《かえ》ってゆくものであることを思い出させてください。

わたくしは、「海」のごとき広き心を育みます。
あらゆる個性を包容《ほうよう》して、全体を一つに結ぶことができますように。

どうか、限りない受容《じゅよう》の力を引き出してください。
どうか、限りない包容の力をあらわしてください。

「太陽の心」を育《はぐく》む祈り

「太陽の心」とはいかなるものでしょうか。

「太陽」は「自《みずか》らを与えるもの」の象徴《しょうちょう》です。

「太陽」は、生きとし生けるものを守り育てる熱や光を、無償《むしょう》で平等に与え続けています。

自らの快苦や好悪《こうお》、損得、正邪《せいじゃ》、善悪などによって差別することなくあらゆる人や生命を照《て》らすのです。

寒い冬にとって、暖《あたた》かい「太陽」の熱は生きる力であり暗い闇《やみ》にとっては、明るい「太陽」の光は希望にほかなりません。

「太陽の心」とは、いかなる闇をも照らし、いかなる寒さをも和《やわ》らげる、「太陽」

のような愛の心の菩提心《ぼだいしん》——。

「太陽」のように「自らを与える心」を目ざめさせ
その尽《つ》きることのない愛の心に倣《なら》って
あらゆる人々の手足となって心を尽くすとき
私たちは与えるだけでなく
自らもこの上ない魂の歓《よろこ》びを与えられることになります。

一人ひとりの内なる「太陽」を想ってください。

*

わたくしは自《みずか》らを与える生き方に憧《あこが》れます。

他のことを想うわたくしを引き出してください。
他のために生きることをわたくしの歓《よろこ》びにさせてください。

わたくしは、「太陽」のごとき愛の心を育《はぐく》みます。
自らを捨て、心を尽《つ》くして
あらゆる人々の幸せを願うことができますように。
わたくしの内なる「太陽」の心を導《みちび》いてください。

「快《かい》・暴流《ぼうりゅう》」の煩悩《ぼんのう》を超えるための祈り

「快・暴流」という心の傾向《けいこう》は、何よりも自《みずか》らに対する強い信頼、「自信」が特徴です。活動的でエネルギッシュな毎日を送り、人間関係や仕事に対して積極的、中心的に関わることが多く、頑張《がんば》る一方で、いつの間にか関わりに問題を抱《かか》え、孤立してしまう自己過信に基《もと》づいた「自信家」的症候群《しょうこうぐん》を持っています。

あなたが、これまで勉学にも仕事にも意欲的に取り組み、人間関係で多くリーダーシップをもって関わりながら、どこか孤立し、浮き上がっていたとしたら、間違いなく「快・暴流」の傾向を抱《いだ》いている人でしょう。

その現実がなぜ生じているのか、あなたは少し歩みをとどめて見つめてみるべきです。

あなたはほとんど意識することなく

事態を自分に都合《つごう》良く歪曲《わいきょく》して受けとめる傾《かたむ》きを抱いています。

他を顧《かえり》みず独善《どくぜん》的にものごとを進めるために、いつの間にか孤立せざるを得ません。

他に対して優位に立っていることを疑《うたが》わず

支配的、差別的に接するために、人々や場のエネルギーを枯渇《こかつ》させたり反感を生じさせたりします。

自分の利益を常《つね》に中心に思い

飽《あ》くなき欲望を注《そそ》ぎがちになるために、無理な現実を導《みちび》いてしまいます。

あなたは自分の力量《りきりょう》を常に大きく捉《とら》えてきました。

「私はできる」「私の方が上」「私はわかっている」……。

これまでの実績、その自信がそう思わせるのでしょう。

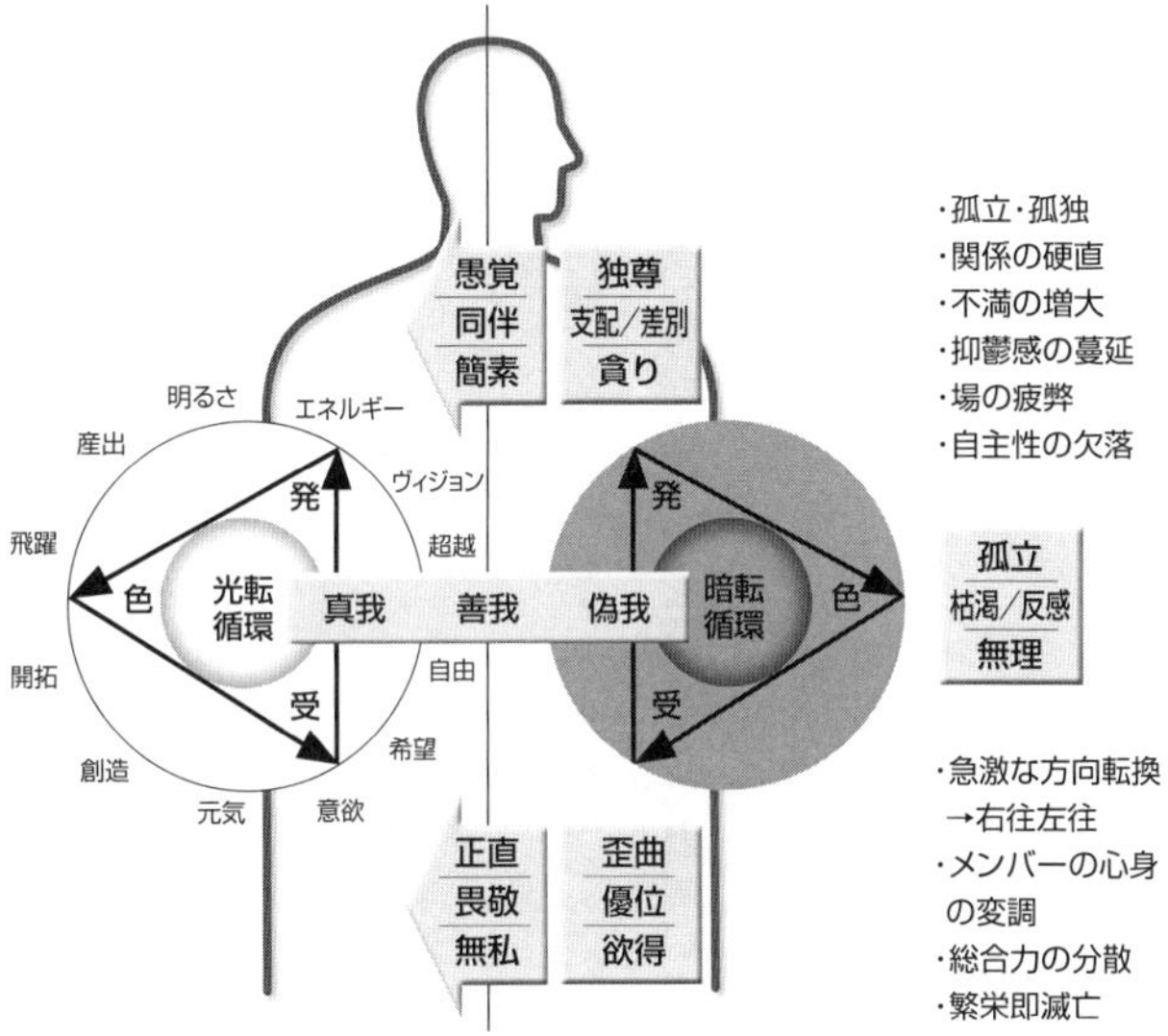
愚覚
同伴
簡素
独尊
支配/差別
貪り
明るさ
エネルギー
産出
ヴィジョン
飛躍
超越
開拓
自由
創造
希望
元気
意欲
発
色
受
光転
循環
真我
善我
偽我
暗転
循環
正直
畏敬
無私
歪曲
優位
欲得
・孤立・孤独
・関係の硬直
・不満の増大
・抑鬱感の蔓延
・場の疲弊
・自主性の欠落
孤立
枯渇/反感
無理
・急激な方向転換
→右往左往
・メンバーの心身
の変調
・総合力の分散
・繁栄即滅亡

快・暴流＝「自信家」の煩悩を超える

しかし、その過去の成功も功績も、実は多くの人に支えられていたのではないでしょうか。

あなたは多くの部下やメンバーに指示を与えたかもしれませんが
その人たちがいなければ
あなたの功績は現実にはなり得なかったのではないでしょうか。
あなたがあなたであるために
あなたの言葉を真剣に聞いてくれる人が必要だったのではないでしょうか。
それだけでなく、世界自体があなたを支えてくれていたのではないでしょうか。

私たちは、誰《だれ》もがみな助けられ支えられて生きているのです。
その事実を深く想ってください。

そして

その多くの人たちのために、世界のために
あなたの力量を発揮《はっき》することを念じてください。

あなたにはそれだけの
明るさとエネルギーがあり、大きな自由に至《いた》るヴィジョンを描き、飛躍《ひやく》を実現し、開拓《かいたく》してゆく創造の力が湛《たた》えられているのです。
あなたの内なる真我《しんが》の光を想ってください。

*

「快《かい》・暴流《ぼうりゅう》」の善我《ぜんが》を育《はぐく》むための祈り

自己過信を手放すことができない愚《おろ》かさを噛《か》みしめさせてください。

自《みずか》らを中心に置くのではなく
相手の側に、場の側に重心を移し
世界に自らを委《ゆだ》ねることができるように
わたくしを支えてください。

わたくしは、自らの優位を思うより
他を畏敬《いけい》する歩みを続けます。
わたくしは、自分の都合《つごう》で事態を歪曲《わいきょく》するのではなく
正直にあるがままに受けとめます。
わたくしは、欲得で自利《じり》中心に追求するのではなく
他のため、世界のためを念頭に、無私《むし》の精神をもって生きてゆきます。

どうぞ
このわたくしの挑戦に光を与えてください。
わたくしの歩みを支えてください。

*

「快《かい》・暴流《ぼうりゅう》」の真我《しんが》への祈り

他を蔑《さげす》んで自己過信に傾《かたむ》きやすく
事態を歪曲《わいきょく》して受信しがちなわたくしの中に
確かに息《いき》づいている「真我の光」を想います。

わたくしの中には

他のために、場のために使うべき明るさやエネルギー、そして
ヴィジョンを描く力が眠っています。
事態を飛躍《ひやく》させる創造力と
場に自由と元気をもたらす力がまどろんでいます。

この「真我の光」を引き出すことができるように
わたくしを支えてください。
わたくしを導《みちび》いてください。

「苦《く》・暴流《ぼうりゅう》」の煩悩《ぼんのう》を超えるための祈り

「苦・暴流」という心の傾向《けいこう》は、何よりも、他者に対する不信、世界に対する不信に満ちていることが特徴です。つまり、いつも自分は正しいのに、周囲の人たちによって、またこの世界によって不利益を被《こうむ》っていると信じて疑《うたが》わないため、周囲が緊張し、人間関係が対立しやすい「被害者」的症候群《しょうこうぐん》を持っています。

「苦・暴流」の傾向を持つあなたには、とりわけ怒りの感情に呑《の》み込まれやすいという一面があるのではないでしょうか。そして一度呑み込まれると、なかなか平静さを取り戻《もど》すことができません。そしてその間、他に対して攻撃的な言動を続け、いわゆる「切れた」状態になってしまい、人間関係を壊《こわ》してしまいます。

周囲の人たちから丁重《ていちょう》に接してもらえても、同時に敬遠《けいえん》されているところがあるとしたら、自分の中にこの「苦・暴流」があることを想ってください。

そして自分の傾向について正当化することなく見つめる時を持ってください。

あなたは知らず知らず
ものごとに対して拒絶《きょぜつ》的な態度を示すことが多く
非常に頑《かたく》なな態度で接するために硬直《こうちょく》した関係をつくらざるを得ません。
ものごとをいつも批判的に受けとめ、正論を言い放《はな》つために
関わりを対立的にし、相手を萎縮《いしゅく》させてしまいます。
不満を持つことが多く、荒々しく、すぐ切れてしまうために
事態を破壊してしまいます。

自分は被害者だと思っていても、あなたの言動によって傷《きず》つけられている人がたくさんいるのはなぜでしょうか。
「自分は正しい」と信じて疑わないのに、あなたに友人や味方が少ないとしたら、それはなぜなのでしょうか。

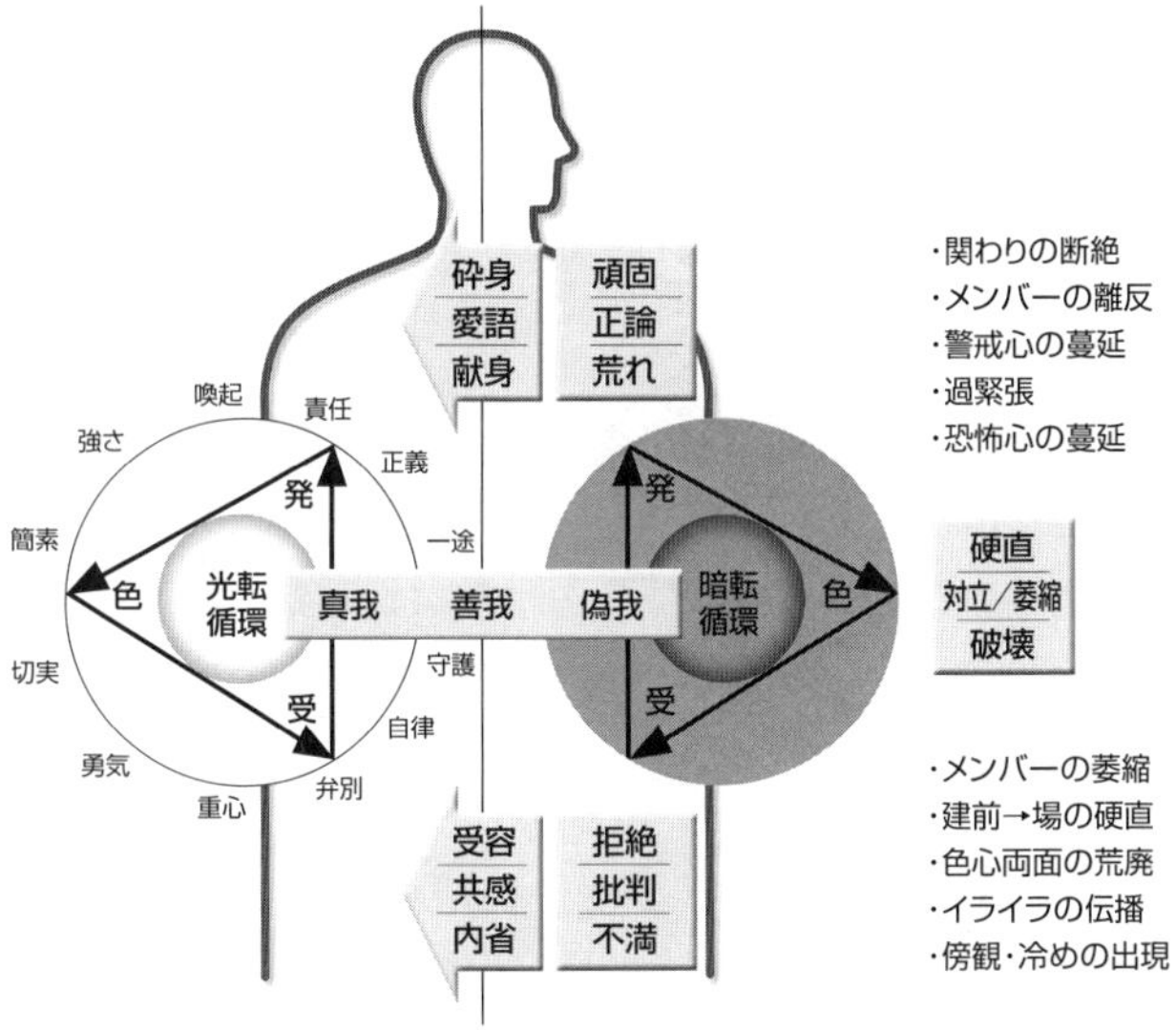
砕身
愛語
献身
頑固
正論
荒れ
喚起
責任
強さ
正義
簡素
一途
切実
守護
勇気
自律
重心
弁別
発
色
受
光転循環
真我
善我
偽我
暗転循環
・関わりの断絶
・メンバーの離反
・警戒心の蔓延
・過緊張
・恐怖心の蔓延
硬直
対立/萎縮
破壊
・メンバーの萎縮
・建前→場の硬直
・色心両面の荒廃
・イライラの伝播
・傍観・冷めの出現
受容
共感
内省
拒絶
批判
不満

苦・暴流＝「被害者」の煩悩を超える

あなたの「正義」が行われても、なぜ平和が訪れないのでしょうか。

あなたは責任感を強く抱《いだ》いているはずです。
けれども、そこで果《は》たしている責任は自分だけのものではないでしょうか。
場に対する責任、全体に対する責任はどうでしょうか。
それを果たすにはどうしたらよいのでしょうか。

あなたが変わることができるとき――
それは、他者と世界を信頼し愛するときです。

自分自身を越え出て
人々や世界を愛することを
本当に念じてください。

あなたにはそれだけの責任感と一途《いちず》さ、皆を守る強さ、切実さ
そして勇気が、内なる光として、もともと宿《やど》っているのです。

＊

「苦《く》・暴流《ぼうりゅう》」の善我《ぜんが》を育《はぐく》むための祈り

一人では生きることができない真実に目ざめることができるように
世界に自《みずか》らを委《ゆだ》ねることができるように
わたくしを導《みちび》いてください。
わたくしを支えてください。

わたくしは、拒《こば》もうとすることより受け入れることを選び
頑《かたく》なさを自ら砕《くだ》いてゆきます。
わたくしは、他を批判することより共感することを重んじ
正論ではなく愛をもって語ってゆきます。
わたくしは、不満を覚《おぼ》えるときは内を振り返り
他に献身《けんしん》的に接してゆきます。

どうぞ
このわたくしの挑戦に光を与えてください。
わたくしの歩みを支えてくださいますように。

*

「苦《く》・暴流《ぼうりゅう》」の真我《しんが》への祈り

他者不信に傾《かたむ》き
自《みずか》らの正しさだけを信じて疑《うたが》わないわたくしの中に
確かに息《いき》づいている「真我の光」を想います。

わたくしの内には、全体のために光と闇《やみ》を弁別《べんべつ》する正義が息づいています。
事態の重心を見失わず、勇気をもって皆を守護する強さと力が眠っています。

他者不信と世界不信を超えて
これらの光をあらわすことができるように
わたくしを導《みちび》いてください。

「苦《く》・衰退《すいたい》」の煩悩《ぼんのう》を超えるための祈り

「苦・衰退」という心の傾向《けいこう》は、事態に対して、悲観的で否定的な見方に傾《かたむ》き、消極的な対応になりがちです。しかし何よりの特徴は、自分自身に対する自信のなさ、自分を低める「卑下者《ひげしゃ》」的症候群《しょうこうぐん》を持っていることです。

ものごとに対して心配性《しょう》で、いろいろ考えたあげく、いつも「無理だ」という答えを出してきた覚《おぼ》えのある人なら、自分の中にこの「苦・衰退」の煩悩があることを想ってください。

その煩悩を乗り越えるためには自《みずか》らの傾向をまず見つめることです。

あなたは、自己不信の世界観によって
ものごとに対して不安をどんどん膨《ふく》らませ
それを引き受けることを避《さ》けようとするために衰退せざるを得ません。

何かがあると「無理だ」「できない」と否定的に受けとめ重苦しい雰囲気《ふんいき》で対応するため、沈鬱《ちんうつ》な空気をつくってしまいます。抱《かか》えている卑屈《ひくつ》さゆえに、愚痴《ぐち》っぽく振《ふ》る舞《ま》い自分にも周辺にもニヒリズム（虚無感《きょむ》）を蔓延《まんえん》させる結果となります。

あなたにとって、現実は動かし難《がた》い壁《かべ》に覆《おお》われた希望の薄《うす》い世界かもしれません。

しかし、それでも、世界はあり続け、あなたは生かされ続けています。

それは何を意味するのでしょうか。

「もう絶対に無理」と思っていることでも、まだ挑戦できることはあります。

あなたとして、できることのすべてをやり尽《つ》くしてあとは天に任《まか》せる――「やるだけやって、後は托身《たくしん》」の心境が必要なのではないでしょうか。

結果を恐れるよりも、最善《さいぜん》を尽くせないことの方を恐れるべきであることを思い出していただきたいのです。

あなたは自分に敗者の烙印《らくいん》を押そうとしています。

無力で意味のない存在であると見なそうとしています。

けれども、あなたをこれまで生かしてきた世界は

一度もそう見なしたことはないのです。

あなたはもう一度、自分を信じてみるべきではないでしょうか。

自分自身の中にある必然

今生きているからこそ、しなければならないことを

本当に念じてください。

あなたには、ひたむきに事《こと》に向かい合う無類《むるい》の誠実さ、まじめさ、赤心《せきしん》があり、

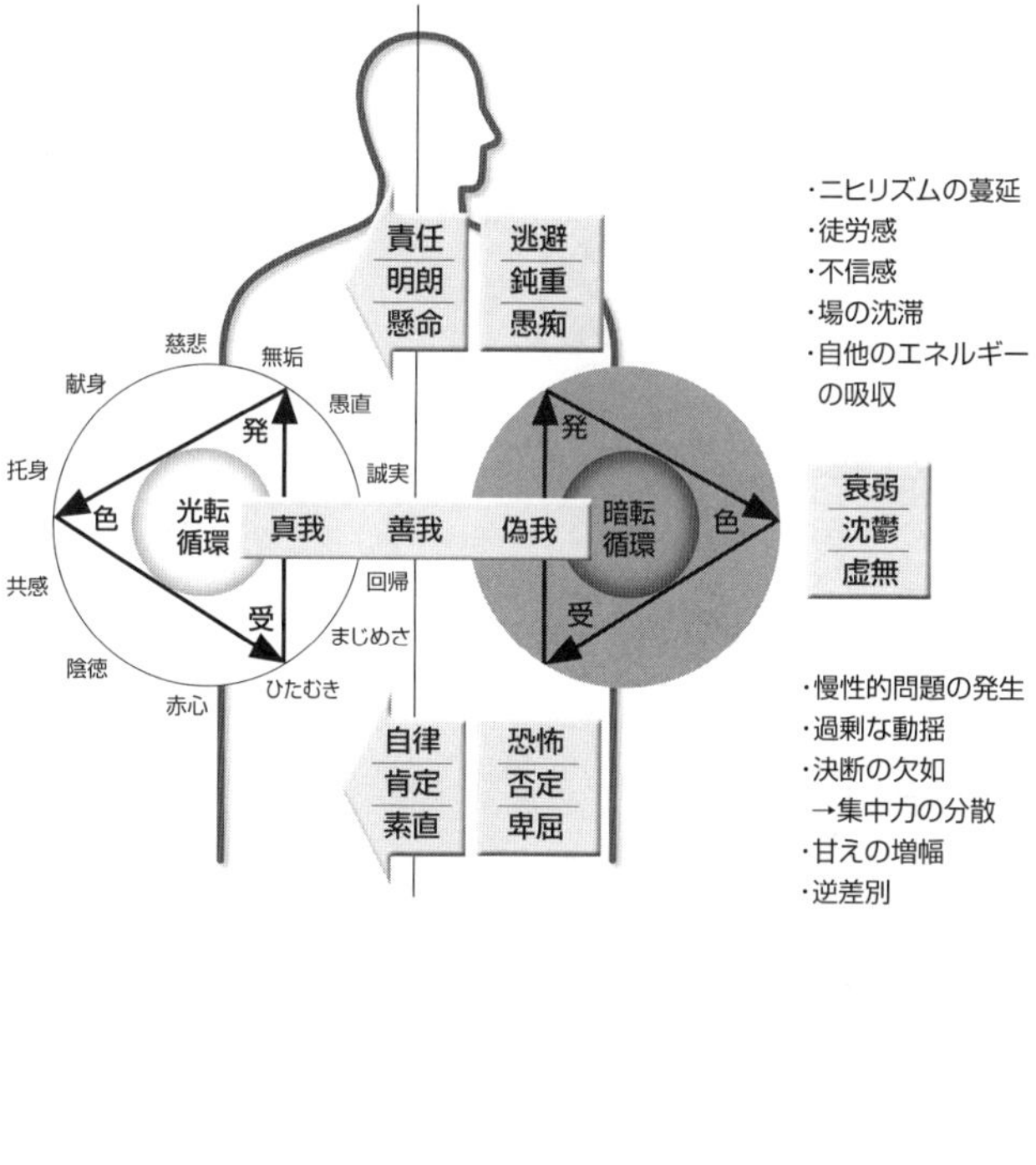
責任
明朗
懸命
逃避
鈍重
愚痴
慈悲
無垢
献身
愚直
托身
誠実
発
色
受
光転
循環
真我
善我
偽我
暗転
循環
共感
回帰
陰徳
まじめさ
赤心
ひたむき
自律
肯定
素直
恐怖
否定
卑屈
・ニヒリズムの蔓延
・徒労感
・不信感
・場の沈滞
・自他のエネルギーの吸収
衰弱
沈鬱
虚無
・慢性的問題の発生
・過剰な動揺
・決断の欠如
→集中力の分散
・甘えの増幅
・逆差別

苦・衰退＝「卑下者」の煩悩を超える

弱さに対する共感をもって、陰《かげ》で他を支える献身《けんしん》の心を内なる光として抱《いだ》いているのです。

そしてその光を生きようとする勇気が、あなたの中にはもともと宿《やど》っているのです。

＊

「苦《く》・衰退《すいたい》」の善我《ぜんが》を育《はぐく》むための祈り

わたくしが決して独《ひと》りではなく

世界にいつも見守られ、支えられてきたことを思い出させてください。

わたくしをずっと信じてくれた存在のことを蘇《よみがえ》らせてください。

わたくしは、不安を募《つの》らせるより現実に飛び込み
事態を避《さ》けることなく責任を引き受けてゆきます。
わたくしは、否定に傾《かたむ》くことなく肯定《こうてい》的に現実を見て
重苦しさを離《はな》れて明るく歩んでゆきます。
わたくしは、卑屈《ひくつ》さを素直さに変え
愚痴《ぐち》を遠ざけて懸命《けんめい》に取り組みます。

どうぞ
このわたくしの挑戦に光を与えてください。
わたくしの歩みを支えてくださいますように。

*

「苦《く》・衰退《すいたい》」の真我《しんが》への祈り

自己不信に傾《かたむ》き
不安と恐れに翻弄《ほんろう》されやすい
わたくしの中に
確かに息《いき》づいている「真我の光」を想います。

わたくしの中には、ひたむきな誠実さ、まじめさが息づいています。他の痛みに共感し、献身《けんしん》と托身《たくしん》をもって歩むことのできる力がまどろんでいます。

どうか、この「真我の光」をあらわすことができるように
わたくしを支えてください。
わたくしを導《みちび》いてください。

「快《かい》・衰退《すいたい》」の煩悩《ぼんのう》を超えるための祈り

「快・衰退」という心の傾向《けいこう》は、事態に対して、他者に対して肯定《こうてい》的で、楽観的な見方を持っていることが特徴です。「世界は常《つね》に自分を受け入れてくれる」「好意をもって接すれば、わかり合える」「話をすれば、きっと理解し合える」「足りないところがあっても、まあ何とかなるだろう」。自分や世界に対して、肯定的で、現状におよそ満足しているなら、あなたは快・衰退の「幸福者《こうふくもの》」的症《しょう》候群《こうぐん》を抱《いだ》いているはずです。

「快・衰退」の傾向を持つあなたは、周囲の人から「穏《おだ》やかないい人」と言われながら、肝心《かんじん》のところで頼《たよ》りにされない過去をつくってきたのではないでしょうか。

この煩悩を乗り越えるためには、自《みずか》らが抱《かか》えている傾向についてよく見つめることが必要です。

あなたは、ごく自然に
現状に満足してしまうために
怠惰《たいだ》に流されがちで事態を停滞《ていたい》させてしまいます。
周囲の微妙《びみょう》な変化に鈍感《どんかん》で
曖昧《あいまい》な対応に終始するために、混乱の現実を引き出します。
誰《だれ》かに依存して契約的な人間関係をつくるために
癒着《ゆちゃく》の現実を生み出してしまいます。

あなたにとって、世界はやさしく好意をもって接してくれる、信じられるものです。そして、現実は昨日よりも今日、今日よりも明日と、よくなって前進するものでしょう。

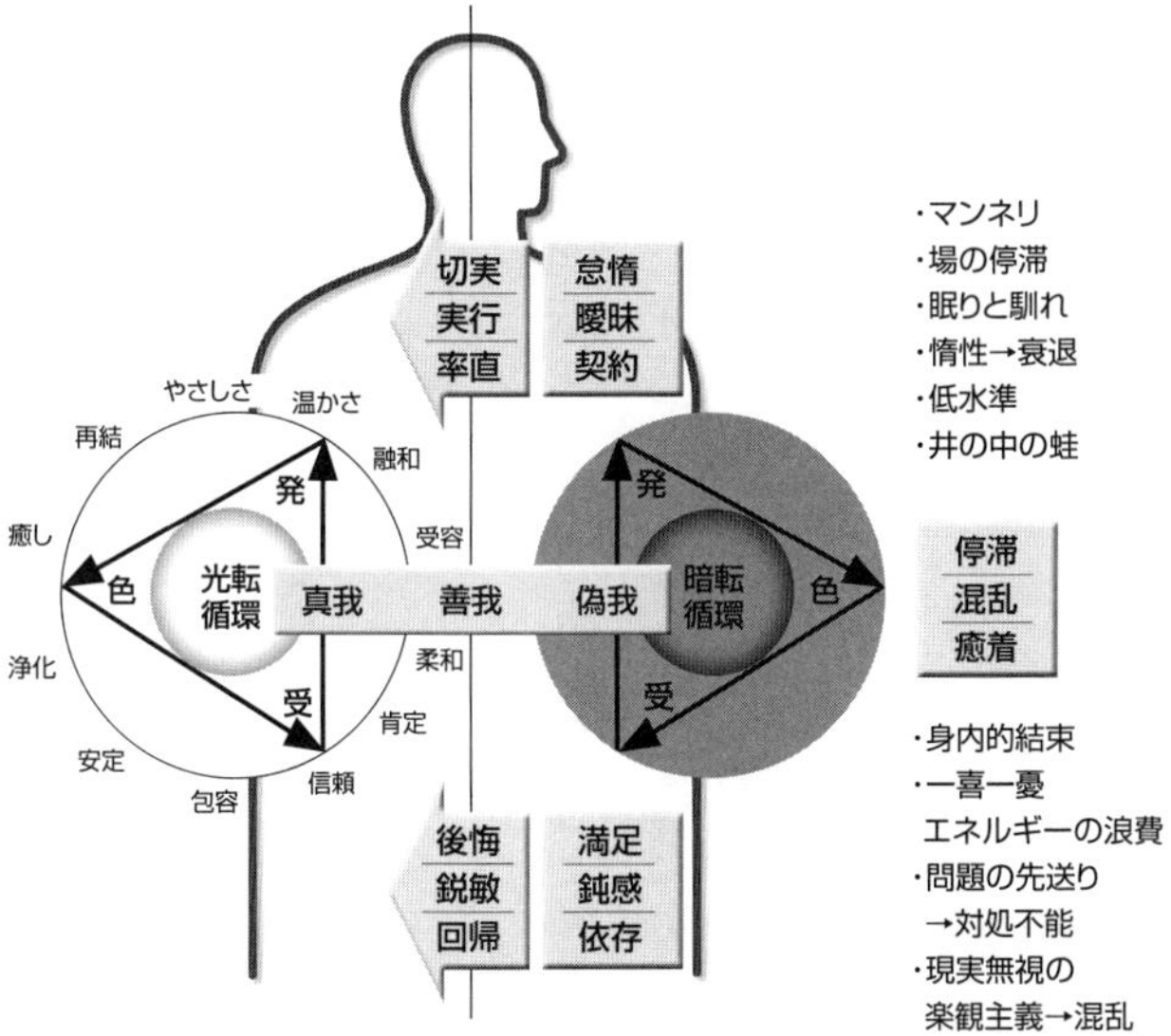
切実
実行
率直
怠惰
曖昧
契約
やさしさ
温かさ
再結
融和
発
癒し
受容
色
光転
循環
真我
善我
偽我
暗転
循環
色
浄化
柔和
受
肯定
安定
信頼
包容
後悔
鋭敏
回帰
満足
鈍感
依存
・マンネリ
・場の停滞
・眠りと馴れ
・惰性→衰退
・低水準
・井の中の蛙
停滞
混乱
癒着
・身内的結束
・一喜一憂
エネルギーの浪費
・問題の先送り
→対処不能
・現実無視の
楽観主義→混乱

快・衰退＝「幸福者」の煩悩を超える

しかし、考えてください。
世界は、ただ放置して調和的になるわけではなく
事態は無作為《むさくい》に前進してゆくわけではありません。
調和が守られているとしたら、それは必死で守る人がいたからであり
現実が進化したとしたら、身を削《けず》って前進させてくれた人がいたからなのです。

あなたがこれまで安心して満足の基調《きちょう》をずっと保《たも》つことができたとしたら
それはあなたを愛し守ってくれた人たちがいたからです。
その支えの上に幸福な生活を送ることができたことを恩恵《おんけい》として刻印《こくいん》してください。

ならば今度は
あなたがその安心の土台となってゆくことではないでしょうか。

誰かの、全体の安心のためには
守らなければならないものがあります。
守るためには、捨てなければならないものがあります。
他のために全体のために
愛される側から
愛する側に立つことを念じてください。

あなたには、誰もが感じるやさしさ、温《あたた》かさ、柔和《にゅうわ》さがあり、人を和《なご》ませる融《ゆう》和《わ》の力があります。浄化《じょうか》と癒《いや》しの力、そして包容力《ほうようりょく》を、内なる真我《しんが》の光として抱いているのです。

*

「快《かい》・衰退《すいたい》」の善我《ぜんが》を育《はぐ》むための祈り

愛される側から
愛する側に踏《ふ》み出すことができるように
わたくしを支えてください。

わたくしは、満足だけではなく常《つね》に後悔を刻《きざ》み
怠惰《たいだ》に流されることなく切実に現実に向き合ってゆきます。
わたくしは、鈍感《どんかん》さを離《はな》れて鋭敏《えいびん》に事態を受けとめ
曖昧《あいまい》ではなく具体的に行動してゆきます。
わたくしは、人に依存することなく
契約して癒着《ゆちゃく》の現実をつくることなく
自《みずか》らの本心に回帰《かいき》し、率直《そっちょく》な人間関係をつくってゆきます。

どうぞ
このわたくしの挑戦に光を与えてください。
わたくしの歩みを支えてくださいますように。

*

「快《かい》・衰退《すいたい》」の真我《しんが》への祈り

満足と怠惰《たいだ》に流れやすく
依存・契約の関わりに陥《おちい》りやすい
わたくしの中に
確かに息《いき》づいている「真我の光」を想います。

わたくしの中には、本当のやさしさと温《あたた》かさが眠っています。
受容《じゅよう》と融和《ゆうわ》の力、浄化《じょうか》と癒《いや》しの力がまどろんでいます。
どうか、その「真我の光」を引き出すことができるように
わたくしを支えてください。
わたくしを導《みちび》いてください。

鎮魂《ちんこん》の祈り

人生から不如意《ふにょい》、思い通りにならない現実が切り離《はな》せないように
人は、想いを残して現身《うつしみ》を去ることがあります。

その家であったり
土地であったり
生前に馴染《なじ》みのある場所にとどまる魂の存在があります。

その魂は自《みずか》らを見失って
赴《おもむ》くべき場所に赴くことができずに彷徨《さまよ》っていることが少なくありません。
現世《げんせ》のいのちを終えて、次なる世界に旅立《たびだ》っていることすら気づけないことも
あります。

生きてきたように人は死んでゆきます。
執着《しゅうちゃく》が強ければ、その執着のまま、この世界にとどまってしまうのです。
恨《うら》みが強ければ、その恨みのままに、その想いを繰《く》り返してしまうのです。

この場に縁《えん》を持つ魂たちが
赴くべき場所に赴くことを願って
想いを一つにしてください。

親しい人であれば、縁ある魂が呼びかけ
荒《あら》ぶる魂を鎮《しず》めて、自らの重心を取り戻《もど》すように促《うなが》してください。

直接の縁がなくとも
今こうして出会ったあなたが

心を込めて
光を注《そそ》いでください。

魂の悲しみと痛みを想い
その不自由さに
限りない光が注がれ
その霊魂《れいこん》に調和が生まれることを想ってください。

*

大宇宙大神霊《しんれい》・仏よ
諸如来諸菩薩《しょにょらいしょぼさつ》　諸天善神《しょてんぜんじん》　守護・指導霊よ
この場に光をお与えください。

彷徨《さまよ》う霊魂《れいこん》に光を注《そそ》いでください。

かつて人生を生きたこの魂たちが
現身《うつしみ》と現世を去ったことを認めることができるように
赴《おもむ》くべき場所に赴くことができるように
導《みちび》いてください。

光によって
この魂たちの無念さと荒《すさ》みが癒《いや》されますように。
光によって
この魂たちの孤独と悲しみが癒されますように。
光によって
この魂たちの願いと祈りがあらわになりますように。

清めの祈り

事《こと》を始めるとき
出発を志《こころざ》すとき
絆《きずな》の結び直し・再結《さいけつ》を念じるとき

そこに開かれてゆく道が
見えない次元を含《ふく》めて
神仏《しんぶつ》の光に照《て》らされた道となることを私たちは願います。

これまでのしがらみがほどけ
これまでの歪《ひず》みが癒《いや》され
これまで見えなかった無限の可能性を開く

新しい時が
今、ここから
流れ出すことを念じてください。

*

大宇宙大神霊《しんれい》・仏よ
諸如来諸菩薩《しょにょらいしょぼさつ》　諸天善神《しょてんぜんじん》　守護・指導霊よ
この時と場に
新たな光を注《そそ》ぎ給《たま》え
清らかな光を注ぎ給え。

いかなる暗転のカルマも切断されますように。
いかなる暗転の種子《しゅし》も浄化《じょうか》されますように。

大宇宙大神霊・仏よ
諸如来諸菩薩　諸天善神　守護・指導霊よ

この時と場に
揺《ゆ》るぎない光の柱を立たしめ給え
尽《つ》きることのない光の流れを導《みちび》き給え。
一切《いっさい》の光転循環《じゅんかん》の源《みなもと》となりますように。
一切の光転の種子が生み出されますように。

大宇宙大神霊・仏よ
諸如来諸菩薩　諸天善神　守護・指導霊よ
光と力を与え給え
わたくしたちを導き給え。

指導原理《しどうげんり》の風に乗るための祈り

私たちの世界には多くの困苦《こんく》が生じています。

「痛み」

「混乱」

「停滞《ていたい》」

「破壊」

その現実は具体的な影響を
そこに生きる人々に与え、私たちを脅《おびや》かし続けています。

しかし一方で
私たち人間は、その現実にただ甘んじているわけではありません。
「痛み」を見れば何とかそれを癒《いや》そうとし

「混乱」に直面すればそれを収《おさ》めようとし
「停滞」に遭遇《そうぐう》すればそれを改善しようとし
「破壊」の現実に触《ふ》れればそれを抑止《よくし》しようとします。
人間の中には
「闇《やみ》」よりも「光」
「悪」よりも「善」を求める心が確かに存在しているからです。

そして、それだけではありません。
この世界には
そのような私たち人間の心を支えるように
「痛み」を「歓《よろこ》び」に
「混乱」を「調和」に
「停滞」を「活性」に

「破壊」を「創造」に
運ぼうとする光への流れ
指導原理の風が吹いているのです。

私たちが
「闇」を「光」に転換できるのは
周囲の人たちに「歓び」を与え
様々な場に「調和」をもたらし
種々の状況を「活性」させ
新たな「創造」を行うことができるのは
この世界に流れる指導原理の風に運ばれてゆくからなのです。

あなた自身の中にある光

世界に流れる指導原理の風を想ってください。

*

わたくしは
自《みずか》らの願いを尽《つ》くし
力の限りを尽くして
天に托身《たくしん》します。
自らを空《むな》しくして
指導原理《しどうげんり》に委《ゆだ》ねます。

世界を支える
指導原理の流れに

わたくしが運ばれますように。
どうか
わたくしの願いが成就《じょうじゅ》するように
わたくしを支えてください。
赴《おもむ》くべきところに赴くことができますように
わたくしを導《みちび》いてください。

神仏《しんぶつ》を念ずる祈り

私たちの歩みは、自《みずか》らが意識しようとしまいと、常《つね》に神仏に伴《ともな》われての歩みにほかなりません。

自分の力で歩んで生きてきたと思っていても、そこには計《はか》り知れない支えと助《じょ》力《りょく》があり、その見えない力に生かされ、導《みちび》かれてきたのが私たちです。

人が生きるとは、生かされること。その原点に戻《もど》って、常に伴い歩んでいる見えない存在、見えない力を念じましょう。

そうすることによって初めて、私たち人間は、本来の自由と智慧《ちえ》を取り戻すことができるのです。

私たちの周囲には、いつも神仏の気配《けはい》が満ちていることを想ってください。

それは、流動する力となって私たちに流れ入《い》り、私たちを通じて、この世界に現れ出るはたらきです。私たちは、神仏と親しく触《ふ》れ合い、一つになって生きているのです。
あなたの内なる神仏の光を想ってください。

＊

大宇宙大神霊《しんれい》・仏よ
わが心に光をお与えください。
安らぎをお与えください。

＊

われ、神と共にあり。
神、われと共にあり。

*

われ、今
一切《いっさい》の神光《しんこう》と和合《わごう》せん。
一切の霊智《れいち》を呼び出し
神の絆《きずな》をあらわさん。

大宇宙大神霊《しんれい》・仏よ
守護・指導霊よ
われに導《みちび》きを与え給《たま》え。
われに助力《じょりょく》を与え給え。

＊

自律《じりつ》のことば

清く生きる

想いにおいて　言葉において　行いにおいて

心の深みに微笑《ほほえ》みを保《たも》ち
温《あたた》かな言葉をのべ伝う
誉《ほま》れを求めることなく　ひたむきに愛を尽《つ》くす

心を開き

あらゆる存在を受け入れて
その生命《いのち》に敬《うやま》いと慈《いつく》しみと感謝を

強く生きる

想いにおいて　言葉において　行いにおいて

怒り　謗《そし》り　妬《ねた》み　恨《うら》み　僻《ひが》み
傲慢《ごうまん》　欺瞞《ぎまん》　疑念《ぎねん》　愚痴《ぐち》　怠惰《たいだ》

これら人として本然《ほんぜん》に生くる道を阻《はば》むものを
自《みず》らのうちより退《しりぞ》けるに

雄々《おお》しく　逞《たくま》しく　立ち向かうこと
簡素《かんそ》に生きる

想いにおいて　言葉において　行いにおいて
時と場のうちに　自らの求めるものを知り
絶えず信ずるものをこそ求める
自他《じた》を分かつことなく　欺《あざむ》くことなく
共にふり返り

神の理《ことわり》を自らの身体《からだ》として
努力と祈りとを日々の友に

人々の眼《め》となり　口となり　手足となることを

慈愛《じあい》に生きる

想いにおいて　言葉において　行いにおいて

時の流れの早瀬《はやせ》にあろうと
喜びのときも　哀しみのときも
いかなる時と場にあろうとも

あまねく存在《もの》のうえに　限りなき慈愛を注《そそ》ぐ

自ら選びたる時の総《すべ》ては
力を尽くし　心を励《はげ》まし
この慈しみを抱《いだ》いてありたい

神の理《ことわり》によりて
とらわれの自己より離《はな》れ
本然《ほんぜん》なる愛の基《もとい》に生きる自己に還《かえ》らん

大地の如《ごと》く
大地に営《いとな》む

神への祈り

神理《しんり》の道、まごころの地下水への道は、常《つね》に神に伴《ともな》われての、神そのものに向かっての歩みです。神の関わりの手があなたの人生のうちに日に日に確かとなり、深まりゆきますように――。

あなたにとって神の存在とはどのようなものでしょうか。法則のようなものでしょうか。それとも調和する宇宙のすがたでしょうか。あるいは語りかける神でしょうか。沈黙《ちんもく》する神でしょうか。愛の根源《こんげん》の存在か、それとも光そのものの神でしょうか。

人間の長い歴史の上に、神は様々なすがたをもって立ち現れてきました。人々も数え切れない神のすがたを求めてきました。

けれども、その底で一つになっているもの――。それが神の存在ではないでしょうか。

神は、一切《いっさい》の法則というすがたを持ちながら、同時に人間のように関わられます。

沈黙し続ける存在であると同時に語りかけ、はたらきかけてくださる存在です。

血と場所に根ざした様々な神々がどうして受け入れられ、大切にされ続けてきたのでしょうか。

それは、この一つ一つが真実を含《ふく》んでいるからではないでしょうか。

個々の神の像（イメージ）は人々と神仏《しんぶつ》との接点であって、その底にあるのが、神そのものです。

伝統的な神の像を受け入れることができなくても、神の関わりの手を見ることがあります。漠然《ばくぜん》としているかもしれませんが、神を感ずることがあります。

偶然とは言えない、自分の都合《つごう》のよいときばかりではない、神の関わりの手としか言いようのない出来事、誰《だれ》もが経験している様々な神仏の実感――。

それが神を本当に受けとるための大切な光なのです。把握《はあく》よりも感ずることから、神への道ははじまります。

宇宙をつくる物質。その物質界に人間は動植鉱物《どうしょくこうぶつ》という区分をつくりました。鉱物、植物、動物は私たち人間にとっての同胞《どうほう》であり、根《ね》です。点的生命《せいめい》である鉱物、直線的生命である植物、平面的生命である動物。そして私たち人間は立体的生命と考えることができるでしょう。

そして神は超立体的な生命というべきものです。立体的生命である人間にとって、矛盾《むじゅん》にしかならないことが神においてはまったく矛盾もなく共存しています。法則としてあること、そういう、もの語らぬ存在としてあり、同時に私たちに常に呼びかけ、はたらきかける存在としてあります。

裏と表、動と不動、偶然と必然、光と闇《やみ》、内部と外部……。これら対立、断絶《だんぜつ》するものが、同時に神のすがたとなって現れます。何の矛盾もなく、それらを包《つつ》み込んであるのが、超立体的生命である神。神は流れ続ける永遠《えいえん》の生命であり、一切の源《みなもと》なる生命です。そして個々の生命、私たちの生命でもあるのです。

私たちは常にこの底につながる神のすがたへと降りてゆかなければならないのです。

何も欠けることがなく、一切に宿《やど》り、一切を含み、一切を生かし、一切自体である神に向かって、私たちは祈ります。

私たちが生み出す現実
私たちが営《いとな》む人生
私たちが織《お》りなす歴史
そのすべては
人間と天上の世界
人と大いなる存在・神との
信と応《こた》えの歩みです。

私たちの生活
私たちの人生は
私たち自身の歩みであると同時に
天上の世界との響働《きょうどう》
神との応答なのです。

私たちが
忘れていても
認めていなくても
大切にしなくても
その信と応えの歩みは
途切《とぎ》れることなく

連綿《れんめん》と続き
常に
深まりゆくことを
願っているものです。

果《は》てしない過去から流れ
限りのない未来に続く永遠《とわ》の歩みが
あなたを通じて
確かに深まりゆくことを念じてください。

＊

一切《いっさい》に宿《やど》り

一切を含《ふく》み
一切を生かし
一切を慈《いつく》しむ
一切そのものである神よ
わたくし（たち）は
在《あ》りとし在るものと共に
生きとし生けるものと共に
生かされ導《みちび》かれています。

あなたから来る永遠《とわ》のいのち
終わりなきそのいのちを信じ
神の子として、光の使徒《しと》として歩むことができるように
あなたの心と共にわたくし（たち）をはたらかせてください。

神よ、どうか
わたくし（たち）のこれよりの道行きを
あなたの光で照《て》らしてください。
わたくし（たち）の現実を通じて
あなたの御心《みこころ》が成就《じょうじゅ》しますように。

願わくば
わたくし（たち）の一切の受発色《じゅはっしき》が
あなたの愛と智慧《ちえ》に貫《つらぬ》かれて
永遠《とわ》の輝《かがや》きを放ちますように。
あなたの光を受けて
自《みずか》らの所以《ゆえん》、今を生きる必然に目ざめますように。

わたくし（たち）が
菩提心《ぼだいしん》を起こし
真《まこと》、あなたの子として
世の光となれますように。
透明で逞《たくま》しい、あなたの使者として
歩むことができますように。

祈りについて

祈りは、神の心と自《みずか》らの心を一つにする対話である。
それは人間の対話のうちで最も気高《けだか》いものであるが
同時に、最も自然で平凡で
ありふれたものでなければならない。
なぜなら
身体《からだ》が食物に養《やしな》われ
魂が愛によって育《はぐく》まれるように
祈りなくして、私たちの存在が深まりゆくことはあり得《え》ないのだから。

祈りは報《むく》いを求めることではない

祈りとは、一体何でしょうか。

祈りについて、それが何であるか知らない人たちにとっても、わかっているつもりの人たちにとっても、このような問いかけはまったく同様に大切なものです。

もし、祈りの真義《しんぎ》、その秘密を知りたいと思うならば、私たちは必ずこの問いかけから始めなければなりません。

私たちは一体どんなときにお祈りをしてきたのでしょうか。

苦しいときに?

困ったこと、問題を抱《かか》えたときに?

不安になったとき、寂《さび》しくなったときに?

後悔と共に新しい日を迎えた朝に?

一日を終えた夜に?

食事の前に?

家族の健康を願って？

友人の逆境《ぎゃっきょう》を心配して？

子どもたちの成長のために？

大切な出会いを前にして？

そしてその祈りの中で、救いを求めることも、奇蹟《きせき》を求めることも、力を求めることも私たちの自由です。

しかし、祈りは、報《むく》いを懇願《こんがん》することではありません。

祈りとは、自分の望みの実現を神仏《しんぶつ》にお願いすること、そしてそれを叶《かな》えてもらうことであると考えている人もあるようですが、それは違います。お賽銭《さいせん》と引き換えに祈りが聞き届《とど》けられ、願いが叶うと考えるのはまったくの誤解なのです。

祈りは神を動かすための手段ではありません。

もし仮《かり》に、祈りによって私たちの願いが叶えられたと感じても、それは祈りのために神が動かれたのではなく、むしろ、私たちが自《みずか》ら動いて願いを成就《じょうじゅ》する縁《えん》起《ぎ》(原因と結果の連《つら》なり)に出会ったということなのです。祈りが聞き届けられるということは、祈りを通じて私たちが神の心と響《ひび》き合うということです。

神に対して祈ることは、神に動いてもらうためではありません。それは、私たちがちょうど、神という大地の岸から離《はな》れた小舟に乗っていて、とも綱《づな》を引いているようなものです。

私たちは一生懸命《いっしょうけんめい》、大地の岸を自分の方に近づけようととも綱を引いています。ところが大地を自分の方に引き寄せるために力を尽《つ》くしているつもりでも、実は、その力は、大地のために使われているのではなく、自分自身をその大地の岸に引き寄せるために費《つい》やされているものなのです。

心を静かにして祈ることができれば、私たちの心は安らぎます。宇宙と自然の息《いき》に、私たちの息を乗せ、手を合わせたり、指を組んだりして、心を一つにすれば信じられないようなことも起こってきます。

動揺《どうよう》した心は落ち着きを与えられ、感情的になった気持ちは鎮《しず》められ、迷っていた心の意向《いこう》は定まり、力なく沈《しず》んだ心は活気に満ち、苦しみ傷《きず》ついた心は勇気と力をもたらされます。

そして、それぱかりか、嫌《いや》なもの、避《さ》けたくて仕方《しかた》がないものをも包《つつ》み込んで、やがて愛に変えてしまう力さえ与えてくれるのです。真珠貝《しんじゅがい》が自分では消化吸収できないような砂粒《すなつぶ》を呑《の》み込んだとき、それを吐《は》き出さずに大事に包み抱《いだ》いて、やがて美しい真珠にしてしまうように――。

私たちは、祈りによって自分が一体何者であったのかを思い出すことができるのです。自分が、この世界に対してどうはたらかなければならないのか。自分の魂が今、何を必要とするのか、いかなる障害が起ころうとも、それにどう耐《た》え、どう乗り越えてゆくべきかを知らせてくれます。いかなるときも、自分にとって本当に大切なものを思い出させてくれるのです。

祈りとは内なる故郷《ふるさと》に還《かえ》る運動

自然にあるもののすべては、その存在理由をひとつも壊《こわ》されることも妨《さまた》げられることもなく、かけがえのないものとして大切にされています。

それは神の心のあらわれそのものです。

一滴《いってき》の水も、一握《にぎ》りの土も、一匹の虫も、一枚の緑葉《みどりば》であっても、どれも同じように、まったく等しい尊《とうと》さを与えられ、大切にされます。そのかけがえのなさには、いかなる優劣《ゆうれつ》もなく軽重《けいちょう》もありません。

天地一切《いっさい》のものは、相互に関わり合っています。すべての存在は他のすべての存在と結びついています。一切が、実はつながって全体で一つなのです。

それはわたくしたち人間も変わりがありません。

いかなる人も、壊されたり奪《うば》われたりすることのない存在理由をもとから抱《いだ》いています。

その人にしか担《にな》うことのできないはたらきと使命を抱いた、かけがえのない一

人ひとりです。そしてその一人ひとりは、見えない絆《きずな》で分かち難《がた》く結び合ってい
ます。

全体は一つのために、一人のために存在し、一つ一つ、一人ひとりは、全体のために限りを尽《つ》くして存在しているのが世界なのです。

このような世界に身を置いていることを、あなたは受けとめているでしょうか。あなたは息《いき》をしています。あなたは見つめています。そして、歩んでいます。その事実、その一挙手一投足《いっきょしゅいっとうそく》は、あなたがその世界をそのまま受け入れているしるしです。

それだけではありません。

人は、自然に在《あ》りて在るもののように存在するだけではなく、その世界の神秘《しんぴ》を見聞きし、味わうことができます。

地水火風《ちすいかふう》、動植鉱物《どうしょくこうぶつ》の諸々《もろもろ》の存在を、そのきわみにおいて大切に愛することができます。それぞれの存在のかけがえのなさが存分《ぞんぶん》に開かれるように、それぞ

れが担っているいのちが成就《じょうじゅ》するようにはたらきかけることができます。そしてそのすべてを伴《ともな》って、神的生命《しんてきせいめい》に成りゆく道を歩んでいるのが、私たちなのです。

そして、そのことを本当は、人は知っているのではないでしょうか。

一木一草《いちもくいっそう》にときめく心。何でもない雑草にさえ感動し、石ころに親しみを覚えるのはなぜでしょうか。誰《だれ》もが幼い頃に夜空を見上げて、その果《は》てしない漆黒《しっこく》の闇《やみ》に畏《おそ》れを感じながらも、同時に言いようのないなつかしさを覚えるのはなぜなのか。

たゆたう河の流れを見つめていると心が鎮《しず》まり、寄せては返し、寄せては返す、浜辺の波をじっと見ていても、どうして飽《あ》きることがないのでしょうか。森の中に入って、土の匂《にお》いと木洩《こも》れ日を浴《あ》びると、どうして心身が軽やかになるのでしょう。

それは人間が、自然とは、宇宙とは何であるかを知っているからなのです。

言葉ではわからなくても、頭の中ではきちんと説明できなくても、存在としての私たちは自分の本当のすがたをどこかで知っています。自分の存在の根《ね》を見つめています。そして、その世界にどう応《こた》えなければならないかも感じているのです。

祈りとは、このような私たちの内なる故郷《ふるさと》に還ろうとする運動そのものです。祈りは、あるがままの世界の秘密があらわになっている次元に至《いた》る道であり、私たちが本来神と一つ、一体であることを思い出す瞬間そのものなのです。

祈りとは神の息《いき》に運ばれること

普段《ふだん》の私たちは、その故郷《ふるさと》を見失い、心が本来の秩序《ちつじょ》を失《うしな》い、無軌道《むきどう》に活動せざるを得ない状態になっています。自分のこだわりやとらわれ、心の歪《ひず》みによって、怒りに呑《の》み込まれ、不安に縛《しば》られ、貪《むさぼ》りに翻弄《ほんろう》され、怠惰《たいだ》に冒《おか》され……というように、拘束《こうそく》された心の状態から脱《ぬ》け出すことができないでいるのです。

しかし、それほど乱れていようと、私たちが、調和を求め、世界との関わりの回復を求めていることを忘れてはなりません。

私たちの周囲には、その故郷《ふるさと》である自然そのものが溢《あふ》れているのです。まなざしを向けるなら、神仏《しんぶつ》への気配《けはい》が満ちていて、すべてを導《みちび》く指導原理《しどうげんり》の流れが渦《うず》巻《ま》いていることがわかります。

「祈り」とは、その「息」に「乗る」こと。神仏への気配に、指導原理の流れに、自《みずか》らを委《ゆだ》ねることで、内なる故郷《ふるさと》に還《かえ》ってゆくこと。

私たちは、その「息」や流れによって、神仏の領域《りょういき》に誘《いざな》われ、そこで、神仏との対話、そして神仏との交流に導《みちび》かれるのです。

「祈りのことば」は、そのためのよすがです。「祈りのことば」を唱《とな》えることによって、私たちは閉塞《へいそく》した状況に風穴《かざあな》を開けることができます。私たちがその言葉を唱え、そのイメージを反芻《はんすう》すると（言葉を理解し心から受納《じゅのう》すると）、知らず知らず（深奥《しんおう》の力と響《ひび》き合って）、私たちは、指導原理の流れに導かれるように、普段とはまったく次元の異なる心の境位《きょうい》に触れることになります。普段は思えないことがそうだと思え、普段は許せないことが許せ、普段は収《おさ》まらないものが静かに収まってゆく――。

つまり、私たちの心は、普段よりも高い心の境位を経験し、それとともに心の奥にあった調和の力を蘇《よみがえ》らせることになるのです。その境位にふさわしい指導原理の流れが心身を貫《つらぬ》き、失った秩序が取り戻《もど》されてゆくのです。

心理学者のユング（一八七五～一九六一）は、かつて中国に存在した雨乞《あまご》い師《し》の様子を通じて、その秩序を取り戻す歩みのことを伝えています。

何カ月も雨が降らず日照《ひで》りとなって困っていた地方に、優《すぐ》れた雨乞い師が呼ばれた。雨乞い師は、その土地に入ると、自分がタオ（道）からずれていることを感じ、村のはずれの小さな小屋を借りて、そこに閉じこもり、自分をタオに戻すことに専念した。三日間が過ぎたとき、あれほど雲一つなかった空が一天《いってん》かき曇り、信じ難《がた》いことに、雪が降ってきたのです。

「どうやって雪を降らせたのか」と村人に聞かれた雨乞い師は、こう答えました。「私は何もしていません。私はただ、自分がタオからずれているのを感じたので、自分をタオに戻そうとしていただけです」

雨乞い師が、ただ自分をタオに合わせて、その中心軸《ちゅうしんじく》のずれを直しただけで、その場に必要な変化を呼び込んだように、私たちは、ここそこに流れている神仏への気配、指導原理の流れに自らを委ねることで、新たな境位に誘われ（より深い調和を実現できる状態に戻って）、心と現実に秩序を回復することへと導かれてゆくのです。

「祈り」とは、その本来の故郷《ふるさと》に還ってゆく「みち」そのものです。

神の呼びかけに応《こた》える

「私はあなたを愛する」

神は、そして世界は、そう呼びかけ続けています。私たちは誰《だれ》でも、すでに存在理由のきわみにおいて受け入れられ、大切だと呼びかけられているのです。

私たちは、その呼びかけに自由意志をもって応えます。「はい」と言うことも、「いいえ」と言うこともできるのです。けれども、「いいえ」と応えたとしても、この対話は続きます。

喧噪《けんそう》から離《はな》れ、様々な外的刺激から退《しりぞ》いて、内的な沈黙《ちんもく》の内に、この呼びかけに向かい合うこと――。人間にとって魂の最も深いところで営《いとな》まれるこの対話こそ、祈りではないでしょうか。

あなたの周囲を見回してください。そこにある様々な存在、そして生命《せいめい》は、尽《つ》きぬ輝《かがや》きを放っています。

あなたの人生を蘇《よみがえ》らせてください。あなたの生い立ち、両親、兄弟、友人たち。つらかったこと、嬉《うれ》しかったこと、楽しかったこと、嫌《いや》だったこと……。その一つ一つの出会い、出来事に孕《はら》まれていた歓《よろこ》びと悲しみ、そこに託《たく》されていた意味。さらに、これからあなたを待っている未来――。

あなたを導《みちび》こうとする呼びかけが届いています。神への気配《けはい》に満ち満ちています。

その気配に誘《いざな》われて私たちは見えざる手、神の存在と向かい合うことができます。

虚心《きょしん》になり、一切《いっさい》を委《ゆだ》ねてこの対話に耳を傾《かたむ》ける人は、神の心を聴くようになるのです。

もちろん、神からのことばは、私たちの耳に聞こえる人間の言語のようにやってくるわけではありません。

それは出来事の積み重ねの中にそっと語られることとして、歴史的事件の流れを通じて示されることとして、また思いがけず開かれる世界や人間の新しい見え方として、突如《とつじょ》として訪れてくる光として、さらには聖なる心の動向や聖なる衝《しょう》動《どう》、心の中に湧《わ》き上がる促《うなが》しとして、私たちの上に、そして私たちの中にあらわれてくるようなものです。

祈りの段階

「祈りのみち」を歩もうとする人は、このように、あらわれ、訪れ、降りてくるものを自《みずか》らの自由意志の下《もと》で大切に受け取って、応《こた》えて生きてゆかねばなりません。

その道は、はじめは無関心や「いいえ」という逆《さか》らいから始まるかもしれません。

生かされる事実とその事実を支えている慈悲《じひ》と愛の力、そして神の心について、私たちはみな、知らず知らず、眼《め》をつぶってきた時代を経《へ》ています。そしてその中で、

「なぜ信じられるのだろう」

という疑問が、あるとき、私たち自身の奥から私たちを訪れるのです。

現実の中で様々な困難を抱《かか》えて生きながら、いくつかの出会いを得て、その出

会いによってまた開かれる世界があります。その光に眼を見張って、神の呼びかけに対する肯定《こうてい》の気持ちが生まれます。

「もしかしたら、信じてもよいことかもしれない」

という希望の心境を通り抜け、さらに、歩む中に多くの疑問や歓《よろこ》びや苦しいこと、つらいこと、悲しいことを乗り越えて、そして、ついに、

「できれば信じたい」

という意志の芽生《めば》えを生じるのです。

この想いに至《いた》る道のりは、人様々でしょう。

ただ、その想いに至ったとき、私たちは全力を尽《つ》くして神への道を求め始めます。心を尽くして〝関わり〟に愛を与えようとし、信を根づかせようとします。ものごとをあるがままに捉《とら》えようとすること、縁起《えんぎ》（原因と結果の連《つら》なり）を理解することから、関わりの原則をつくろうとします。効率や物質的な利益の優

先ではなく、常《つね》に関わり合う魂の成長を想うようになります。

そのために、かつては言えなかった助言も忠告も、友情、善友《ぜんゆう》（道を共に歩む友）のために必要と感じたなら、できるようになります。子どもに対しても、親の面子《めんつ》や世間体《せけんてい》、自分の期待からではなく、この子自体が大切であるという愛を基《もとい》に関わり合おうとします。

神理《しんり》を求める生き方とは一体どういうことかと、常に自らの言葉と行いに心を尽くし、振り返ります。

これらの生活を営《いとな》みながら、けれどもすべてが順調にゆくとは限りません。むしろ、その歩みはつまずきに満ちているでしょう。習《なら》い性《しょう》に流されたり、楽なこと、目立つことに心が傾《かたむ》いたり、自分勝手な想いが出てきたり、疑問や虚《むな》しさが噴出《ふんしゅつ》してきたり……。心を尽くして道を求めても思うにままならず、カルマの流れは巨大で、眠りに落ちた魂たちの群れの前では自分一人が何をやっても大《たい》した意味はないと嘆《なげ》きたくなることもあるかもしれません。

弱気になれば、わかってくれない人ばかり、ひどい人たちばかりだと被害者意識に陥《おちい》ってしまったり、背負うべき不安を紛《まぎ》らすために、ごまかして不満に変えてしまいます。わかってくれない者たちは魂の段階の低い者たちだと、強引《ごういん》に虚《むな》しい優越感をつくり出すこともあります。

このまま、そのままの私たちでよい、そのままの私たちでかけがえがないとされているのに、です。

心を尽くして求道《ぐどう》しつつ、その果《は》てになお、自らの無力さに絶望したら、自らの濁《にご》りに絶望したら、そのときこそ私たちは、祈ることができます。そのときこそ私たちは、最も正直に、生かされていることの事実に心を開けるのではないでしょうか。

無力なものたち、小さきものたちに宿《やど》る最終的な力
心貧《まず》しきものたち、心清きものたちに与えられる力
それこそ、祈りと呼ぶにふさわしいものなのですから。

祈りとは呼吸

祈りを妨《さまた》げる問題は、いつでも私たちの側にあります。

私たちはすでに生かされているのです。太陽の光は何の差別もなく降《ふ》り注《そそ》いでいます。まさに、

「天の父は悪い者の上にも良い者の上にも太陽をのぼらせ、正しい者にも正しくない者にも雨を降らせてくださる」のです。

祈りの人、イエス。病人を癒《いや》し、多くの奇蹟《きせき》を行い、喩《たと》えを借りて神の慈悲を説き続けられたこの人間の師は、何よりも「祈りのみち」を生きた方でした。人間としての最期《さいご》の時を、イエスは一体何に費《つい》やされたのでしょうか。

イエスはその時を、最後の力と共に自《みずか》らを死に追いやった〝敵〟のための祈りに用いられました。

「父よ、彼らをお許しください。彼らは自分たちが何をしているのか、わからずにいるのです」

絶《た》えずこの方は、祈っていました。「眠らないように眼《め》を覚《さ》まして祈っていなさい」という、ゲッセマネの園《その》での弟子たちへのことばも思い出されます。

天の父――当時の人々、例えば、律法《りっぽう》学者たちにとっては、この父なる神はあくまで、厳《きび》しい裁《さば》きの神でした。畏《おそ》れ敬《うやま》うことはあっても、親しみからは程《ほど》遠い存在でした。

その神を、イエスは「アバ」（お父ちゃんというほどの意味です）と親しげに呼ばれます。幼い頃から、教会に親しみ、両親がイエスの帰りが遅いのを心配すると「どうして、ぼくが父の家にいるのが心配なのか」と逆に問い返したほど、イエスは人生を通じて、一貫《いっかん》して神との親しげな交《まじ》わりを持ち続けられたのです。この親しげな交わりが、祈りにおける対話であることをイエスは示されました。

「見よ、わたしは戸口に立って、たたいている。だれかわたしの声を聞いて戸を開ける者があれば、わたしは中に入ってその者と共に食事をし、彼もまた、わたしと共に食事をするであろう」

このことばは、ヨハネの黙示録《もくしろく》の中にあるものです。

神は一人ひとりの心の扉《とびら》の前に立っておいでであり、しかもその扉をたたかれている。私たちの心に向かって絶えず呼びかけておられる。誰《だれ》でもその呼びかけを聴いて、心を開くなら、神は自然に心の中に入ってこられ、親しみと歓《よろこ》びの交わりをなされるだろう。

つまり、私たちが祈ろうとするとき最も大切なことは、祈りを必要として、自ら心を開くことなのです。そのとき、生ける生命《せいめい》としての神と私たちは、人間的な関わりの中にいて対話することができる。これが祈りのすがたなのです。

これは聖書のことばであることを超越して、世界に遍在《へんざい》する仏《ほとけ》のいのちを讃《たた》えることばと一致するのではないでしょうか。一切衆生悉有仏性《いっさいしゅじょうしつうぶっしょう》。宇宙そのものの心が神の心であることに、まったく一致するのではないでしょうか。

祈りとは、長い道であると同時に、私たちが自分を開くことさえできれば、最も自然に生まれる営《いとな》みなのです。神の子の自覚と共に溢《あふ》れてくるものです。

昔の人々は、祈りのことを〝霊《れい》〟の呼吸であると言っていました。その喩えは現代でも用いられるようです。

私たち人間が生きてゆくには、呼吸をしなければなりません。空気は私たちの周囲に満ちていて、空気はひとりでに私たちの中に入ろうとしています。呼吸をすれば空気は私たちの中に入ってきて、私たちに必要な酸素をもたらすのです。

私たちの存在、霊が必要とする祈りもまったく同じではないでしょうか。

祈りは、私たちの存在にとって最も必要で、最もありふれた自然なものなのです。

■著者プロフィール

高橋佳子（たかはし けいこ）

現代社会が抱える様々な課題の根本に、人間が永遠の生命としての「魂の原点」を見失った存在の空洞化があると説き、その原点回復を導く新たな人間観・世界観を「魂の学」として集成。誰もが、日々の生活の中でその道を歩めるように、実践の原則と手法を体系化している。

現在、「魂の学」の実践団体GLAを主宰し、講義や個人指導は年間300回以上に及ぶ。あらゆる世代・職業の人々の人生に寄り添い、導くとともに、日本と世界の未来を見すえて、経営・医療・教育・法務・福祉・芸術など、様々な分野の専門家への指導にもあたる。魂の次元から現実の問題を捉える卓越した対話指導は、まさに「人生と仕事の総合コンサルタント」として、各方面から絶大な信頼が寄せられている。

1992年から一般に向けて各地で開催する講演会には、これまでに延べ165万人が参加。

主著に『人生を取り戻す』『2つの扉』『ゴールデンパス』『自分を知る力』『最高の人生のつくり方』『あなたがそこで生きる理由』『運命の逆転』『未来は変えられる！』『1億総自己ベストの時代』『魂の冒険』『新・祈りのみち』（以上、三宝出版）ほか多数。

2006年7月4日　初版第1刷発行
2023年12月8日　初版第16刷発行

著　者　高橋佳子
発行者　田中圭樹
発行所　三宝出版株式会社
〒111-0034　東京都台東区雷門2-3-10
電話　03-5828-0600
https://www.sampoh.co.jp/
印刷所　株式会社アクティブ
装　幀　田形斉［IRON MAMA co.ltd］
帯写真　田形斉

ISBN978-4-87928-050-3

新 祈りのみち
至高の対話のために